Brecht | Leben des Galilei

AF176928

Lektüreschlüssel XL

für Schülerinnen und Schüler

Bertolt Brecht

Leben des Galilei

Von Maximilian Nutz

Reclam

Dieser Lektüreschlüssel bezieht sich auf folgende Textausgabe:
Bertolt Brecht: *Leben des Galilei*. Schauspiel. Berlin: Suhrkamp,
[77]2016. (edition suhrkamp. 1.)

Lektüreschlüssel XL | Nr. 15517
2020 Philipp Reclam jun. Verlag GmbH,
Siemensstraße 32, 71254 Ditzingen
info@reclam.de
Druck und Bindung: Esser printSolutions GmbH,
Untere Sonnenstraße 5, 84030 Ergolding
Printed in Germany 2025
RECLAM ist eine eingetragene Marke
der Philipp Reclam jun. GmbH & Co. KG, Stuttgart
ISBN 978-3-15-015517-2
reclam.de

Inhalt

Inhalt

1. Schnelleinstieg

Autor	Bertolt Brecht (1898–1956), bedeutender deutscher Schriftsteller des 20. Jh.s, schuf ein umfangreiches lyrisches und dramatisches Werk, das teilweise in der Zeit im Exil zwischen 1933 und 1947 entstand.
Gattung	Schauspiel
Entstehung, Veröffentlichung, Uraufführung	Drei Fassungen: 1. dänische Fassung: entstanden 1938/39; Uraufführung 1943 in Zürich; Erstdruck als Bühnenmanuskript 1948 2. amerikanische Fassung: entstanden 1944–47; Uraufführung 1947 in Beverly Hills; hektographiertes Bühnenmanuskript 1948 3. Berliner Fassung: entstanden 1947–56; Uraufführung 1955 in Köln; Erstdruck 1955 in *Versuche* 19, Heft 14; diese Fassung ist die Grundlage von Einzel- und Werkausgaben
Ort und Zeit der Handlung	Dargestellt werden in der 3. Fassung 14 Szenen aus dem Leben des italienischen Physikers Galileo Galilei (1564–1642), die teilweise den historischen Fakten entsprechen, teilweise frei erfunden sind. Durch astronomische Beobachtungen kann Galilei die Richtigkeit des kopernikanischen Systems beweisen, gerät dadurch in einen Konflikt mit der Kirche, der zum Widerruf vor der Inquisition führt und mit einem Hausarrest bis zu seinem Tod endet. Die Szenen spielen in der Zeit von 1609 bis 1642 an verschiedenen Orten: in Padua, Venedig, Florenz, Rom und in Galileis Landhaus in Arcetri.

Leben des Galilei gehört neben *Mutter Courage und ihre Kinder* und *Der gute Mensch von Sezuan* zu den bekanntesten und am meisten gespielten Dramen Brechts und wurde vor allem wegen der Thematik seit den 1960er Jahren zu einem Klassiker in der Schullektüre. Brecht hat sich mit dem Stoff und der Gestaltung der Hauptfigur von der Mitte der 1930er Jahre bis zu den Theaterproben in Berlin kurz vor seinem Tod 1956 auseinandergesetzt: Es entstanden drei Fassungen, in denen er vor allem seine Sichtweise der Figur entscheidend geändert hat. Die 1. Fassung schrieb Brecht im dänischen Exil 1938/39 in der Auseinandersetzung mit den Möglichkeiten von Intellektuellen und Schriftstellern, Widerstand gegen den Nationalsozialismus zu leisten; die 2. Fassung entstand zwischen 1944 und 1947 im amerikanischen Exil unter dem Eindruck des Abwurfs der Atombomben in Japan 1945 und der Frage nach der Verantwortung der Wissenschaft; in der 3. Fassung, die nach seiner Rückkehr aus dem Exil in der Zeit des Kalten Krieges in Ost-Berlin entstand, verschärfte er die Verurteilung Galileis, den er bereits in der amerikanischen Fassung als einen »Verräter« an der Aufgabe der Wissenschaft dargestellt hatte.

Brecht greift in seinem Drama den historischen Fall des italienischen Physikers Galileo Galilei (1564–1642) auf, der durch astronomische Beobachtungen die Auffassung des Kopernikus bestätigen konnte, dass sich die Erde um die Sonne dreht und nicht umgekehrt, aber seine Erkenntnisse vor einem Gericht

Drei Fassungen

der Inquisition widerrief. Brecht schrieb aber kein Geschichtsdrama, in dem es um die historische Wahrheit dieses Falls geht, sondern er nahm den Konflikt des Physikers mit der Kirche als Modell, um aktuelle Fragen nach dem Verhalten von Intellektuellen und Wissenschaftlern unter dem Druck politisch-gesellschaftlicher Machtverhältnisse darzustellen.

■ Kein Geschichtsdrama

In der Bühnenrezeption und bei der Behandlung im Unterricht spielte nur die 3. Fassung eine Rolle, die in Werkausgaben gedruckt vorlag und die Brecht als für ihn gültige Sichtweise des Themas und der Figur ansah. Mit der Selbstverurteilung Galileis legte Brecht der Figur selbst in den Mund, wie der Leser oder Zuschauer den Widerruf beurteilen sollte: als Verrat an der sozialen Verantwortung des Wissenschaftlers, dessen Erkenntnisinteresse sich einzig darauf richten muss, »die Mühseligkeit der menschlichen Existenz zu erleichtern« (S. 125).[1] Galilei wirft sich in der 14. Szene vor, dass er das revolutionäre Potential seiner Forschungen nicht genutzt habe, das den Unterdrückten die Augen über die ungerechte gesellschaftliche Ordnung hätte öffnen können, sondern aus Angst vor der Folter die Wahrheit preisgegeben habe. Sein Widerruf ist keine Taktik, um heimlich an seinen Forschungen weiterarbeiten zu können, er betreibt diese

■ Galileis Selbstverurteilung

---

1 Bertolt Brecht, *Leben des Galilei. Schauspiel*, Berlin [77]2016 (edition suhrkamp, 1), S. 125. Textstellen werden im Folgenden nach dieser Ausgabe [3. Fassung] mit Angabe der Seitenzahl zitiert.

nur noch als ein »Laster«, von dem er so abhängig ist wie von seiner Esslust.

Brecht hat in »Anmerkungen« zu seinem Stück und zu einzelnen Szenen die Verstehens- und Deutungsweise wesentlich mitgeprägt und dabei vor allem auch den Unterschied zwischen der 1. und 2. Fassung betont: In der 1. Fassung habe sein Widerruf Galilei »die Möglichkeit verschafft, ein entscheidendes Werk zu schaffen. Er war weise gewesen«.[2] In der amerikanischen Fassung beweise Galilei seinem ehemaligen Schüler, »daß der Widerruf ein Verbrechen war und durch das Werk, so wichtig es sein mochte, nicht aufgewogen« werden könne.[3] Brecht hat in seinen Selbstäußerungen als entscheidende Ursache der Veränderung seiner Sichtweise die traumatische Erfahrung des US-amerikanischen Abwurfs von Atombomben auf die japanischen Städte Hiroshima und Nagasaki im August 1945 betont, die zu einer neuen Sichtweise der Entwicklung der Naturwissenschaften von der frühen Neuzeit bis zur Situation am Ende des Zweiten Weltkriegs geführt habe. Statt sich für die Aufklärung und damit den politisch-gesellschaftlichen Fortschritt einzusetzen, seien die Wissenschaftler zu einem »Geschlecht erfinderischer Zwerge« geworden, »die für alles gemietet werden können« (S. 126).

Unter dem Eindruck der Bedrohung der Mensch-

■ Abwurf der Atombomben

---

2 Bertolt Brecht, *Anmerkungen zu »Leben des Galilei«*, in: B. B., *Gesammelte Werke in 20 Bänden*, hrsg. von Elisabeth Hauptmann, Frankfurt a. M. 1967, S. 1133.
3 Brecht (s. Anm. 2).

heit durch die Atombombe in der Zeit des Kalten Krieges in den 1950er und 1960er Jahren hat man das Stück vor allem als Beitrag zur Diskussion über die Verantwortung der Wissenschaft gesehen. Bei der Behandlung im Unterricht wurde es deshalb häufig im Kontext anderer Stücke gelesen, die sich mit dieser Thematik auseinandersetzen: Friedrich Dürrenmatts »Komödie« *Die Physiker* (1962) und Heinar Kipphardts dokumentarisches Drama *In der Sache J. Robert Oppenheimer* (1964). Angesichts der aktuellen Probleme, von der Genforschung über Künstliche Intelligenz bis zur Umweltzerstörung, bleiben dieser Konflikt und damit auch Brechts Stück nach wie vor aktuell, auch wenn sich das Problem der Verantwortung in den komplexen Zusammenhängen zwischen Wissenschaft, Wirtschaft und Politik von dem einzelnen Wissenschaftler auf Institutionen und Entscheidungsgremien verschoben hat.

■ Verantwortung der Wissenschaft

■ Literarische Kontexte

Brecht war sich bewusst, dass das Stück in der Komposition und den Gestaltungsmitteln nicht mehr seiner Theorie eines »epischen Theaters« entsprach, die er seit Ende der 1920er Jahre in der Auseinandersetzung mit der Entwicklung des »bürgerlichen« Theaters vom 18. Jahrhundert bis zur Zeit der Weimarer Republik entwickelt hatte. Statt einer »Einfühlung« des Zuschauers in die Figuren, die diese einlulle und kritiklos gegenüber den dargestellten Verhaltensweisen mache, zielte sein Theater auf eine distanzierte und reflektierte Haltung, die durch »eingreifendes Denken« die Bereitschaft fördert, ungerechte

■ Episches Theater

politische und gesellschaftliche Verhältnisse zu verändern. Diese Haltung wollte er durch Techniken der Verfremdung wie Songs, Spruchbänder, Kommentare u. a. sowie durch eine Spielweise der Figuren erreichen, wodurch das Dargestellte als veränderbar wahrgenommen werden sollte. Jetzt aber sah Brecht bereits in der zentralen Rolle der Hauptfigur im Stück die Gefahr einer Identifikation des Lesers und Zuschauers mit dem zunächst positiv gezeichneten Erkenntnisdrang Galileis. Eine kritische Auseinandersetzung mit dessen Entwicklung zum »sozialen Verbrecher« wurde dadurch möglicherweise verhindert. Umso wichtiger war es Brecht, dass durch die Spielweise gerade die negativen Seiten der Figur, ihre egozentrische Forschungslust und der Mangel an sozialer Verantwortung, betont wurden.

■ Kritische Distanz statt »Einfühlung«

Brechts Sichtweise von Galileis Verrat und dessen Bedeutung für die Entwicklung der neuzeitlichen Wissenschaft hängt mit seiner Auffassung von Geschichte und Gesellschaft zusammen, die er seit Ende der 1920er Jahre durch das Studium des Marxismus entwickelt hatte. Er übernahm von der marxistischen Theorie die Vorstellung, dass die Strukturen der Gesellschaft durch Widersprüche zwischen gesellschaftlichen Klassen bestimmt sind und »Klassenkämpfe« den Fortschritt der Geschichte bestimmen (Dialektik bzw. dialektischer Materialismus). Der »soziale« Verrat Galileis besteht für ihn darin, dass er weder die zu seiner Zeit fortschrittliche Klasse des handel- und gewerbetreibenden Bürgertums unterstützt noch die

■ Marxistische Sicht

Bereitschaft des Volkes zur Veränderung der Unterdrückung als Chance wahrnimmt, sondern auf den Schutz durch einen Fürsten und die Toleranz eines neuen Papstes hofft.

In der Dialektik sah Brecht jedoch nicht nur das Bewegungsgesetz von Geschichte und Gesellschaft, sondern auch ein ästhetisches Prinzip: die Weiterentwicklung vom epischen zu einem dialektischen Theater. Das Prinzip der Dialektik zeigt sich im *Galilei* in allen drei Fassungen, von der Komposition der Szenenverknüpfung bis zur Figurencharakterisierung. Indem der Zuschauer Gegensätze und Widersprüche erkennt, wird er in einen Reflexionsprozess verwickelt, in dessen Verlauf er vor allem die Verhaltensweisen des Protagonisten hinterfragt und Handlungsalternativen durchspielt. Mit Brechts Methode können sich Leser und Zuschauer mit der Selbstverurteilung Galileis und mit Brechts Forderung nach einem »hippokratischen Eid« (S. 126) kritisch auseinandersetzen.

■ Dialektisches Theater

■ Dialektische Methode

Trotz seiner zunehmend skeptisch-resignierten Haltung gegenüber der Entwicklung des DDR-Systems unter der Führung einer autoritären Partei, die auch die künstlerische Entwicklung der Doktrin eines Sozialistischen Realismus unterwarf, hielt Brecht bis zuletzt an der Überzeugung fest, dass der Sozialismus als einzige Alternative zum Kapitalismus der richtige Weg sei, um Ausbeutung, Unterdrückung und soziale Ungerechtigkeit zu überwinden. In der Zeit des Kalten Krieges hat diese Haltung die Rezeption des Schriftstellers in der Bundesrepublik beeinflusst. Ei-

■ Veränderung der Rezeptionsweisen

ner strikten Ablehnung seines Werks wich man oft dadurch aus, dass man zwischen dem künstlerischen Werk und dem ›kommunistischen‹ Autor unterschied und z. B. den *Galilei* auf die Thematik der Verantwortung der Wissenschaft reduzierte, ohne sich mit der zugrundeliegenden marxistischen Geschichtsauffassung auseinanderzusetzen. Die Bühnenrezeption seit den 1990er Jahren kümmert sich kaum um den marxistischen Hintergrund des Stücks, sondern versucht das Interesse an der Figur durch publikumswirksame Gestaltungsweisen am Leben zu halten.

2. Inhaltsangabe

1. Szene[4]

In seinem »ärmliche[n] Studierzimmer« (S. 7) wird Galileo Galilei, der in Padua Mathematik lehrt, von Andrea Sarti, dem Sohn seiner Haushälterin, daran erinnert, dass die Milchrechnung nicht bezahlt ist. Wie ein roter Faden zieht sich die ökonomische Situation des Wissenschaftlers durch die erste Szene, der von der Republik Venedig, zu der die Universität Padua gehört, schlecht bezahlt wird und eine Verdopplung seines Gehalts von 500 auf 1000 Skudi erreichen möchte. Dem gegenüber steht das leidenschaftliche Forschungsinteresse Galileis, der einem wissbegierigen elfjährigen Jungen aus dem einfachen Volk den Unterschied zwischen dem alten ptolemäischen und dem neuen kopernikanischen Weltbild erläutert. Er lässt diesen an seiner Begeisterung teilnehmen, dass eine neue Zeit angebrochen ist, in der nicht nur das Denken, sondern auch die gesellschaftlichen Verhältnisse in Bewegung geraten. Als Andrea am kopernikanischen System zweifelt, weil es seiner Wahrnehmung widerspricht, erläutert ihm Galilei anschaulich die Bewegung der Erde um die Sonne und um die eigene Achse.

■ Neues Weltbild, neue Zeit

■ Neues Sehen

4 Brecht verwendet keinen dramentechnischen Begriff für die »Szenen« oder »Bilder«, sondern nummeriert sie nur mit arabischen Ziffern.

Unterbrochen wird die Demonstration durch Frau Sarti, die Galilei vorwirft, ihrem Sohn »unheiliges Zeug« (S. 12) in den Kopf zu setzen, und ihm den Besuch eines jungen Herrn, Ludovico Marsili, aus sehr gutem Hause ankündigt, der bei ihm Privatunterricht haben möchte. Von diesem erfährt Galilei von einem Fernrohr, das in Amsterdam gerade verkauft werde, er lässt sich die Art der Vergrößerungslinsen genau beschreiben und schickt Andrea zu einem Brillenmacher, der zwei Linsen nach seinen Berechnungen anfertigen soll. Galilei nimmt den jungen Mann als Schüler an, hofft aber, dass er durch eine Gehaltserhöhung bald keinen Privatunterricht mehr geben muss.

Diese Hoffnung wird durch den Besuch des Kurators der Universität zerschlagen. Mathematik sei eine »brotlose Kunst« (S. 16), deswegen werde Galileis Bitte um Gehaltserhöhung abgelehnt, außer er erfinde wieder etwas, wovon die Kaufleute profitieren. Einstweilen könne er sein Gehalt ja durch Privatunterricht aufbessern, die Republik Venedig zahle zwar wenig, garantiere aber die »Freiheit der Forschung« (S. 17) im Gegensatz zur Einschränkung der Gedankenfreiheit durch Kirche und Inquisition. Galilei zeigt dem Kurator eine Skizze von der Konstruktion des Fernrohrs. Als Andrea mit den Linsen zurückkommt, weist er ihn darauf hin, nichts von den neuen »Ideen« (S. 20) zu erzählen, die er noch nicht beweisen könne.

■ Fernrohr als neues Instrument

■ Freie Forschung, schlechte Bezahlung

2. Szene

Galilei präsentiert im Arsenal von Venedig vor den Ratsherren ein von ihm verbessertes Fernrohr als seine eigene Erfindung nach einer langjährigen Forschungsarbeit. Widerwillig spielt er seine Rolle als ein Gelehrter, der bestrebt ist, der Republik von Venedig durch »nützliche Erfindungen« (S. 23) Vorteile zu verschaffen, während der Kurator die Möglichkeiten der Vermarktung und die kriegstechnischen Vorteile hervorhebt. Galilei hat aber bereits in der vorausgehenden Nacht die Möglichkeiten entdeckt, das Fernrohr für seine astronomische Forschung zu verwenden. Leise teilt er seinem überraschten Freund Sagredo während der Präsentation mit, dass er mit Hilfe des Fernrohrs erkannt habe, dass der Mond nicht selbst leuchtet, woraus die Milchstraße bestehe und er damit ein Instrument habe, um das kopernikanische System zu beweisen. Der wissenschaftlichen Bedeutung des Fernrohrs steht das Interesse an seinem praktischen Nutzen gegenüber: Die Ratsherren sind überrascht, was man durch das Rohr alles vergrößert sehen kann, und denken bereits an die Vermarktung, der Kurator teilt Galilei mit, dass er nun seine Verdoppelung des Gehalts bekomme, und Ludovico glaubt erkannt zu haben, wie man in der Wissenschaft auch durch geschickte Verwertung der Erfindungen anderer Erfolg haben kann.

■ Fernrohr als »nützliche Erfindung«

■ Instrument astronomischer Entdeckungen

3. Szene

In der Nacht des 10. Januar 1610 beobachten Galileo und sein Freund Sagredo leuchtende Punkte am Sichelrand des Mondes, die Galileo für Spitzen der Berge hält, die von der aufgehenden Sonne erhellt werden, und sie beobachten auf dem verdunkelten Teil ein Licht, das von der Erde kommt, die ebenfalls von der Sonne angeleuchtet wird. Das ist für ihn ein Beweis dafür, dass Erde und Mond sich bewegende Himmelskörper sind. Als Sagredo Galilei daran erinnert, dass der Dominikanermönch und Philosoph Giordano Bruno vor knapp zehn Jahren als Ketzer verbrannt wurde, weil er den Himmel durch die Unendlichkeit des Weltalls ersetzt habe, wird das Gespräch durch den Auftritt des Kurators unterbrochen, der Galilei empört vorwirft, dass er das Fernrohr, das man für wenige Skudi überall erwerben könne, als eigene Erfindung ausgegeben habe. Als Galilei gelassen reagiert und den Wert des Instruments für die Entwicklung neuer Sternkarten andeutet, die für die Schifffahrt wichtig sind, bricht der Kurator das Gespräch gekränkt ab, weil er durch Galileis Täuschung zum Gespött geworden sei.

Sagredo gegenüber rechtfertigt Galilei sein Verhalten durch die schlechte Bezahlung, setzt aber sofort das Gespräch über seine neuen Beobachtungen fort. Giordano Brunos Auffassung von der Unendlichkeit des Weltalls sieht er durch die Beobachtung bestätigt, dass die Milchstraße aus unendlich vielen Sternen be-

■ Erde als bewegter Himmelskörper

■ Fernrohr keine Erfindung Galileis

steht. Als er Sagredo die vier Monde des Jupiter zeigen will, stellen beide fest, dass jetzt nur drei davon zu sehen sind, einer also hinter dem Jupiter verschwunden sein muss. Damit scheint bewiesen, dass sich die Monde um den Jupiter drehen, dieser also auf keiner Kristallschale befestigt sein kann, wie man bisher nach dem ptolemäischen System annahm. Während Galileo außer sich ist, denkt Sagredo besorgt an die Folgen dieser Entdeckung, durch die das bisherige Weltbild zum Einsturz gebracht wird: Die Erde ist nicht der Mittelpunkt des Universums, sondern nur ein kleiner »Stern«. Mit der Frage, wo Gott in diesem Universum sei, möchte er Galilei auch die theologischen Konsequenzen des neuen Weltbilds bewusst machen, und er erinnert ihn warnend noch einmal an die Verbrennung Brunos als Ketzer. Galilei aber sieht den Unterschied darin, dass dieser sein Weltbild nicht beweisen konnte; er glaubt im Gegensatz zu Sagredi an die »Gewalt der Vernunft über die Menschen« (S. 34).

Um mehr Zeit für die Arbeit an seinen Beweisen zu haben, möchte er sein Lehramt in Padua aufgeben und eine Stelle als Hofmathematiker beim Großherzog von Florenz aus dem Geschlecht der Medici annehmen. In seinem devot formulierten Bewerbungsgesuch hat er bereits den neu entdeckten Jupitertrabanten den Namen der Medici gegeben. Sagredi warnt ihn vergeblich vor den Gefahren, denen er sich damit gegenüber der Kirche aussetzt, die nicht durch Beweise von einer Wahrheit zu überzeugen sein werde, die

■ Entdeckung der Jupitermonde

■ Theologische Brisanz der Entdeckung

■ Streit über die Macht der Vernunft

■ Bewerbung am Hof von Florenz

das bisherige Weltbild und theologische Auffassungen als Irrtum hinstellt.

4. Szene

In seinem Studierzimmer in Florenz möchte Galilei dem erst neunjährigen Großherzog Cosmo und einigen Hofgelehrten seine Entdeckung der Jupitertrabanten mittels des Fernrohrs demonstrieren. Als der Großherzog vor Galilei eintrifft, möchte er nicht auf ihn warten, sondern sofort das Fernrohr sehen. Er steigt die Treppe zu Galileis Arbeitszimmer hinauf, wo ihm Andrea an zwei Modellen den Unterschied zwischen dem ptolemäischen und dem neuen Weltbild erläutert. Als Andrea von Cosmo verlangt, ihm das ptolemäische Modell zurückzugeben, kommt es zu einer Rauferei, bei der das Modell zerbricht.

■ Streit um die Weltbilder

Als Galilei mit den Hofgelehrten eintrifft, räumt er rasch das kopernikanische Modell beiseite. Er hofft, diese würden sich durch einen Blick durchs Fernrohr von der Existenz der Jupitertrabanten mit eigenen Augen überzeugen. Doch stattdessen beginnen zwei der Gelehrten, ein Philosoph und ein Mathematiker, einen längeren Disput über die unumstößliche Autorität des Aristoteles und die Frage, wohin neue Erkenntnisse führen. Sogar die Verlässlichkeit des Fernrohrs zweifeln sie an und unterstellen Galilei damit indirekt Betrug. Vergeblich fordert Galilei die Gelehrten immer wieder auf, ihren »Augen zu trauen« (S. 48), verweist auf die Zeitbedingtheit überlieferten

■ Hofgelehrte lehnen Fernrohr ab

Wissens und auf die Aufgeschlossenheit gegenüber neuen Erkenntnissen bei »Bauleuten und Instrumentenmachern«, die »[u]nbelesen« sich auf das »Zeugnis ihrer fünf Sinne« (S. 49 f.) verlassen. Als der Großherzog und die Gelehrten aufbrechen, läuft ihnen Galilei hilflos mit der Aufforderung hinterher, doch einfach »durch das Instrument zu schauen« (S. 50).

5. Szene

Die Gelehrten der medizinischen Fakultät haben Anzeichen der Pestkrankheit verharmlost. Nach den ersten Pesttoten verlässt der Großherzog Florenz und schickt eine Kutsche, mit der Galilei sich in Sicherheit bringen kann. Dieser will aber seine Beobachtungen der Gestirne fortsetzen, weil er glaubt, kurz vor dem Abschluss seiner Untersuchungen zu stehen, mit denen er das neue Weltbild beweisen kann. Während Virginia und Andrea widerstrebend mit der Kutsche wegfahren, bleibt Frau Sarti bei Galilei in Florenz.

■ Beobachtungen trotz Pest

Drei Tage später hat sich die Seuche weiter ausgebreitet: Galileis Haus wird verschlossen, die Straße abgeriegelt. Frau Sarti ist verschwunden. Vor der Absperrung sieht er Andrea, der zurückgelaufen ist, und teilt ihm sofort seine neuesten Entdeckungen mit. Er bittet Andrea, ihm aus der Schule eine Sternkarte zu bringen, die er verlegt hat und für seine Forschungen braucht.

■ Andrea als treuer Helfer

6. Szene

■ Überprüfung durch Collegium Romanum

Galilei, Frau Sarti und ihr Sohn Andrea haben in Florenz die Pestepidemie überlebt. Im Collegium Romanum in Rom, dem päpstlichen Forschungsinstitut, werden seine Entdeckungen durch den Mathematiker und Astronomen Christopher Clavius überprüft. In einem Saal des Collegiums warten hohe Geistliche, Mönche und Gelehrte auf das Ergebnis, das für sie nur in einer Widerlegung bestehen kann. Galilei, der gespannt wartet, bemerkt, wie sich einige darüber lustig machen, dass sich die Erde um die Sonne bewegen könnte. Einige Gelehrte sind empört darüber, dass Clavius sich mit der Überprüfung der Behauptungen Galileis so viel Zeit lässt. Gravierend sind für sie die Folgen, die sich aus dem kopernikanischen System für das Welt- und Menschenbild ergeben: Die Erde ist nicht mehr der Mittelpunkt des Alls, der Mensch nicht mehr »die Krone der Schöpfung« (S. 61). Ein sehr alter Kardinal wendet sich erregt an Galilei und erinnert ihn an die Verbrennung Giordano Brunos als Ketzer. Er wirft Galilei vor, die Erde und den Menschen zu »erniedrigen« (S. 62), und verkündet noch

■ Theologische Bedeutung des alten Weltbilds

einmal stolz die religiöse Bedeutung des alten Weltbilds, bevor er erschöpft zusammensinkt: Der Mensch, als »Ebenbild Gottes«, steht im Mittelpunkt, das »Auge des Schöpfers« (ebd.) ruht auf jedem Einzelnen. Nach dem Ende der Überprüfung geht Clavius mit seinen Astronomen rasch durch den Saal und sagt nur knapp zu einem Mönch: »Es stimmt.« (Ebd.)

Niemand wagt das Ergebnis dem sehr alten Kardinal mitzuteilen, der wieder zu sich gekommen ist. Nur ein Mönch aus der Untersuchungskommission flüstert Galilei zu, er habe »gesiegt«, worauf dieser antwortet: »Nicht ich, die Vernunft hat gesiegt.« (S. 63) Als Galilei den Saal verlässt, begegnet er dem Kardinal Inquisitor, den ein Astronom zum Fernrohr begleitet.

■ Sieg der Vernunft

7. Szene

Galilei ist einige Zeit später mit seiner Tochter Virginia und deren Verlobten Ludovico auf einem Ball im Haus des Kardinals Bellarmin in Rom. Zwei Sekretäre machen sich unauffällig Notizen. Die Kardinäle Barberini und Bellarmin, mit Masken vor dem Gesicht, führen mit Galilei ein zunächst scherzhaftes, dann zunehmend ernster werdendes Gespräch über seine Entdeckungen. Galilei betont seinen Glauben an die Vernunft. Bellarmin macht Galilei die Funktion des Weltbilds der Kirche deutlich, die darin besteht, in eine Welt der Ungerechtigkeit »etwas Sinn zu bringen« (S. 68). Als Galilei versichert, er sei »ein gläubiger Sohn der Kirche« (S. 68), zugleich aber einwendet, der Mensch könne nicht nur die Bewegungen der Gestirne, sondern auch die Bibel »falsch auffassen« (S. 69), teilt ihm Bellarmin mit, dass das Heilige Offizium beschlossen habe, die Lehre des Kopernikus sei »ketzerisch«. Galilei solle dieses Weltbild, das er ja gerade beweisen will, aufgeben. Als Galilei auf die Bestätigung seiner Beobachtungen durch das Collegium Ro-

■ Lehre des Kopernikus ist »ketzerisch«

manum hinweist, teilt ihm Bellarmin mit, dass er die Lehre des Kopernikus als »mathematische[n] Hypothese« (S. 70) vertreten dürfe.

Als die Kardinäle mit Galilei in den Ballsaal gehen, kommt der Inquisitor und fordert von den Sekretären das Protokoll der Unterredung. Er führt mit Virginia ein scheinbar wohlwollendes Gespräch, in dem er ihr auf anschauliche Weise den Unterschied zwischen dem alten Weltbild und dem der »Neuerer« (S. 72) erläutert, und erkundigt sich nach ihrem Beichtvater.

■ Überwachung Galileis durch die Inquisition

8. Szene

Im Palast des Gesandten von Florenz in Rom führt Galilei ein Gespräch mit dem Mönch, der Mitglied der Untersuchungskommission des Collegium Romanum gewesen war und ihm das Ergebnis zugeflüstert hatte. Diesem lässt der Gegensatz zwischen der Existenz der Jupitertrabanten und dem Verbot der kopernikanischen Lehre durch das Heilige Offizium keine Ruhe; er teilt Galilei mit, dass er die »Weisheit des Dekrets« erfasst und beschlossen habe, der »Astronomie zu entsagen« (S. 74 f.). Er schildert die mühevolle Arbeit seiner Eltern auf dem Feld, die ihr Leben nur deshalb ertragen, weil sie glauben, »daß das Auge der Gottheit auf ihnen liegt« und »das ganze Welttheater um sie aufgebaut ist« (S. 75 f.). Wenn die Erde nicht mehr der Mittelpunkt der Schöpfung ist, sondern ein Gestirn neben vielen anderen, wenn das Auge Gottes nicht mehr auf ihnen ruht, verliert ihr »Elend« (S. 76)

■ Sinngebung durch das alte Weltbild

seinen Sinn. Er sieht in dem Verbot deswegen eine »große Seelengüte« (S. 76).

Für Galilei hat der Mönch damit die politisch-gesellschaftlichen Dimensionen des neuen Weltbilds richtig gesehen: Die Kirche braucht das heliozentrische Weltbild, damit »der Stuhl Petri im Mittelpunkt der Erde stehen kann« (S. 77). Die Ursachen des Elends den Unglücklichen bewusst zu machen, ist für ihn die Verpflichtung des Wissenschaftlers, während der Mönch es für eine Verpflichtung hält, den »Seelenfrieden Unglücklicher« (S. 77) gerade durch Verschweigen der Wahrheit zu bewahren. Für Galilei wären es dagegen niedrige Beweggründe, zugunsten der Vorteile, die ihm die Kirche bietet, die Verbreitung des neuen Weltbilds nicht mehr zu unterstützen. Dem Erkenntnisdrang des Physikers und der Gestaltungsfreiheit des Dichters dürften keine Grenzen gesetzt werden. Damit sich die Vernunft durchsetzt, müssen die Vernünftigen für sie eintreten: »der Sieg der Vernunft kann nur der Sieg der Vernünftigen sein« (S. 78). Als er dem Mönch Manuskripte mit seinen neuen Forschungen zeigt, weckt er dessen Erkenntnisdrang als Physiker, der sich sofort in diese vertieft.

■ Ursachen des Elends bewusstmachen

9. Szene

Acht Jahre lang hat Galilei in der Öffentlichkeit über das neue Weltbild geschwiegen. In seinem Haus in Florenz experimentieren er, sein Mitarbeiter Feder-

■ Schweigen über das neue Weltbild

zoni, der Mönch, der ihn von der Weisheit des Dekrets der Inquisition überzeugen wollte, und Andrea
mit schwimmenden Körpern. Als ein ehemaliger
Schüler ihn aufsucht, um seine Verurteilung der Lehre
des Kopernikus zu rechtfertigen, weist ihn Galilei
schroff ab und nennt denjenigen, der die Wahrheit
weiß und sie eine Lüge nennt, einen »Verbrecher«
(S. 81). Der Rektor der Universität bringt Galilei ein
Buch über die Erforschung der Sonnenflecken, das
Galilei gewidmet ist. Andrea, der bereits die Sonnenflecken beobachtet hat, meint, dass Galilei als anerkannte wissenschaftliche Autorität dieses Phänomen
erforschen müsse. Galilei setzt dagegen die Experi-
mente mit schwimmenden Körpern fort und überprüft die Aussagen des Aristoteles dazu.

■ Erforschung
der Sonnen-
flecken

Ludovico, Virginias Verlobter, kommt überraschend zu Besuch und bringt die Nachricht, dass der
Papst im Sterben liege und wahrscheinlich Kardinal
Barberini, der Mathematiker ist, sein Nachfolger wird.
Galilei glaubt, es könnte nun eine Zeit kommen, in
der er nicht mehr schweigen müsse. An der Reaktion
Ludovicos merkt Galilei zwar, dass er durch die Wiederaufnahme seiner astronomischen Forschungen die
Heirat seiner Tochter gefährdet, beginnt aber sofort
mit der Vorbereitung einer Untersuchung der Sonnenflecken. Ludovico wirft Galilei vor, damit sein
Versprechen gegenüber der Kirche zu brechen, nennt
ihn einen »Sklave[n]« seiner »Leidenschaften« (S. 92)
und reist ab, ohne sich von Virginia zu verabschieden.
Während Galilei mit der Untersuchung der Sonnen-

■ Hoffnung
auf den
neuen Papst

flecken beginnt, kommt Virginia im Brautkleid und wird ohnmächtig: Sie weiß, dass die Wiederaufnahme der Forschungen das Ende ihrer Verlobung bedeutet.

■ Ludovico löst Verlobung auf

10. Szene

In den folgenden zehn Jahren verbreitet sich das neue kopernikanische Weltbild auch im Volk, wie die Fastnachtsumzüge in vielen Städten zeigen, bei denen als Thema die Astronomie gewählt wird. Auf einem Marktplatz tritt ein Balladensänger mit Frau und Kindern auf, der in bildhafter Weise den Umsturz des Weltbilds durch die Lehre Galileis darstellt. Im alten Weltbild spiegelt die Ordnung der Bewegungen der Gestirne im Kosmos die politisch-gesellschaftliche Ordnung wider, in der sich jeder um einen in der Hierarchie Höhergestellten dreht. Pamphletistisch macht er die revolutionären Folgen des neuen Weltbilds bewusst: Die bisher Abhängigen und Unterdrückten lehnen sich gegen ihre Obrigkeiten auf und werden nun ihr »eigner Herr und Meister« (S. 97). In Umzügen werden die bisherigen Obrigkeiten verulkt und Galilei als »Bibelzertrümmerer« (S. 98) dargestellt.

■ Verbreitung des neuen Weltbilds

11. Szene

Im Palast der Medici in Florenz wartet Galilei 1633 mit seiner Tochter, um dem Großherzog sein Buch, »Dialoge über die beiden größten Weltsysteme« (S. 103), zu überreichen. Virginia bemerkt, dass sie von einem Unbekannten beobachtet werden. Der Eisengießer Vanni, für den Galilei eine Schmelzanlage entwickelt hat, weist Galilei darauf hin, dass man ihn für Pamphlete gegen die Bibel verantwortlich macht. Er versichert ihm, dass er als Kämpfer für Freiheit und Fortschritt Freunde in den »Geschäftskreisen« (S. 101) habe. Er bietet ihm seine Unterstützung an, so schnell wie möglich Florenz zu verlassen und nach Venedig zu gehen. Galilei aber sieht sich nicht in Gefahr, weil er auf den Schutz des Großherzogs und das Wohlwollen des Papstes vertraut. Seine Tochter versucht er damit zu beruhigen, dass er als Wissenschaftler für die Wirkung seiner Lehre nicht verantwortlich sei. Während die beiden auf den Empfang beim Großherzog lange warten, sehen sie den Kardinal Inquisitor, der offensichtlich beim Großherzog war. Erst als der Großherzog das Buch nicht entgegennimmt, erkennt Galilei seine Lage und möchte mit Virginia fliehen. Doch ein Beamter des Großherzogs teilt ihm mit, dass er nach Rom gebracht wird, um von der Inquisition verhört zu werden.

■ Galilei schätzt seine Lage falsch ein

■ Zum Verhör nach Rom

12. Szene

■ Inquisitor überredet Papst

Im Vatikan empfängt der Papst den Kardinal Inquisitor, der ihm die Folgen der Lehre Galileis für den Glauben verdeutlichen möchte. Mit dem Argument, er lasse »nicht die Rechentafel zerbrechen« (S. 105), lehnt der Papst ein Verhör Galileis durch die Inquisition zunächst vehement ab. Der Kardinal Inquisitor verweist dagegen auf den gefährlichen Geist, aus dem die astronomischen Berechnungen entspringen: den Geist des »Zweifels«, durch den eine »entsetzliche Unruhe« (S. 105) entsteht, in der die Wahrheit der Heiligen Schrift ebenso in Frage gestellt wird wie die gesellschaftliche Ordnung. Galileis Lehre sei deshalb besonders gefährlich, weil er sie nicht in Latein, der Sprache der Gelehrten, sondern in Italienisch, der Sprache des Volks, verfasst habe. Der Papst äußert Bedenken, dass der Konflikt zwischen »Vernunft« und »Glaube« (S. 108) dem Ansehen der Kirche schaden könnte, stimmt aber schließlich zu, dass man Galilei beim Verhör die Folterinstrumente zeigt, um zu erreichen, dass er seine Lehre widerruft.

■ Gefähr-
lichkeit
des neuen
Weltbilds

■ Folterin-
strumente
als Druck-
mittel

13. Szene

Im Palast des Florentinischen Gesandten in Rom warten Andrea, Federzoni, der kleine Mönch und Virginia auf das Ergebnis des Prozesses gegen Galilei. Während seine Schüler hoffen, dass Galilei selbst unter Folter an seiner Lehre festhält und damit der Wahrheit zum Sieg verhilft, betet Virginia, dass er widerrufen möge und damit sein Seelenheil gerettet ist. Ein Agent der Inquisition teilt mit, dass man den Widerruf Galileis erwarte, der unter Glockenläuten öffentlich ausgerufen werde. Als das Glockenläuten zunächst ausbleibt, sind die Schüler überglücklich, weil sie glauben, Galileis Standhaftigkeit sei die »Geburts-

■ Hoffen auf
die Stand-
haftigkeit
Galileis

Abb. 1: Galileo Galilei vor der Inquisition (1857). Gemälde von Christiano Banti (1824–1904). Carpi, Privatsammlung. – © Wikimedia Commons

■ Enttäu-
schung der
Schüler und
Helfer

stunde« einer »Zeit des Wissens« (S. 112). Umso grö-
ßer ist ihre Enttäuschung, als die Glocke zu läuten beginnt und der Widerruf Galileis verlesen wird. »Unglücklich das Land, das keine Helden hat!« (S. 113), sagt
Andrea, als Galilei, völlig verändert durch den Prozess, eintritt, und er beschimpft ihn, weil ihm Leben
und Genuss wichtiger waren als die Wahrheit. Dieser
antwortet: »Nein. Unglücklich das Land, das Helden
nötig hat.« (S. 114)

14. Szene

Galilei lebt seit seinem Widerruf als Gefangener der Inquisition mit seiner Tochter in seinem Landhaus in der Nähe von Florenz. Obwohl seine Sehschwäche weiter fortgeschritten ist, arbeitet er als Wissenschaftler weiter und diktiert seine Ergebnisse seiner Tochter, die sie an einen Mönch weitergibt, der Galilei bewacht. Als jemand zwei gerupfte Gänse vorbeibringt, wird deutlich, dass Galilei trotz seines Alters immer noch leibliche Genüsse schätzt. In wöchentlichen Briefen, die er Virginia diktiert, kommentiert er Fragen und Zitate des Erzbischofs im Sinne der Kirche. Vier Jahre nach dem Widerruf besucht ihn Andrea Sarti im Auftrag eines Amsterdamer Astronomen. Andrea ist auf dem Weg nach Holland, um dort wissenschaftlich zu arbeiten. Der ehemalige Schüler verhält sich zunächst kühl und frostig. Galilei erfährt, dass durch seinen Widerruf die Wissenschaft der Astronomie einen Rückschlag erlitten habe. Als Andrea und Galilei allein sind, kann Galilei offen reden: Er habe die »Discorsi« (S. 121) vollendet, heimlich eine Abschrift angefertigt und im Globus versteckt. Er übergibt sie Andrea, damit dieser sie nach Holland schmuggeln kann. Andrea ändert nun schlagartig sein Urteil über Galilei. In dem feigen Widerruf sieht er nun eine List, um an einem wissenschaftlichen Werk weiterzuarbeiten. Er nimmt seine moralische Verurteilung aus der Einsicht zurück, auch »auf dem Felde der Ethik« sei Galilei sei-

■ Gefangener der Inquisition

■ Auswirkungen des Widerrufs

■ Übergabe der »Discorsi«

■ Andrea rechtfertigt den Widerruf

nen Schülern »um Jahrhunderte« (S. 122) vorausge-
wesen.

In schonungsloser Selbstkritik gesteht aber Galilei,
dass er nicht eine Strategie verfolgt habe, sondern aus
Angst vor dem »körperlichen Schmerz« (S. 123) widerrufen habe. Andrea rechtfertigt aber auch dieses Motiv, weil Todesangst »menschlich« sei und letztlich
nur der »wissenschaftliche[] Beitrag« (S. 124) zähle.
Dem widerspricht Galilei: Der »Zweifel«, der zur Erkenntnis führt, richte sich nicht nur gegen überliefer-
te falsche Lehrmeinungen, sondern auch gegen die
politisch-gesellschaftlichen Ordnungen, die Ursache
für das »Elend der Vielen« (S. 124 f.) seien. Das »einzige Ziel« der Wissenschaft bestehe darin, »die Mühseligkeit der menschlichen Existenz zu erleichtern«
(S. 125). Wenn Wissenschaftler sich dieser Verantwortung entziehen, liefern sie ihre Erkenntnisse an
Machthaber aus, so dass der wissenschaftliche Fortschritt ein »Fortschreiten von der Menschheit weg«
(S. 125) ist. Seinen Widerruf beurteilt er als »Verrat« an
der Wissenschaft und ihrer Möglichkeit der Veränderung gesellschaftlicher Verhältnisse. Als Andrea, bestürzt durch diese »mörderische Analyse« (S. 127), zö-
gert, Galilei zu verlassen, fängt dieser an, die zuberei-
teten Gänse zu essen.

■ Soziale Ver-
antwortung
der Wissen-
schaft

■ Selbstver-
urteilung
als Verräter

15. Szene

In einer kleinen italienischen Grenzstadt wartet Andrea auf die Kontrolle seiner Papiere und seines Gepäcks durch einen Grenzwächter und dessen Schreiber. Er sitzt vor einem Schlagbaum auf einer kleinen Kiste und liest im Manuskript der »Discorsi«. Drei kleine Jungen interessieren sich für den Gelehrten und beobachten, wie der Schreiber eher lustlos in einem von Andreas Büchern blättert und die Kiste zunächst nicht beachtet. Zwei der Jungen glauben, dass in einem Haus in der Nähe eine Hexe wohnt, welche die Kiste verzaubert habe. Nachdem der Schreiber oberflächlich in den Büchern in der Kiste herumgewühlt hat, darf Andrea mit seinem Kutscher, der die Kiste trägt, die Grenze passieren. Einer der Jungen behauptet, die Kiste sei verschwunden, der Teufel habe sie mitgenommen. Andrea macht dem abergläubischen Jungen deutlich, dass er lernen müsse, »die Augen aufzumachen« (S. 131). Ein anderer Junge, der die alte Frau nicht für eine Hexe hält, fragt Andrea, ob Hexen mit einem Stock durch die Luft fliegen können. Dazu bräuchte man eine Maschine, sagt ihm der Gelehrte, und man wisse jetzt noch nicht, ob eine solche jemals erfunden werde: »Wir wissen bei weitem nicht genug […]. Wir stehen wirklich erst am Beginn.« (S. 131)

■ Andrea schmuggelt die »Discorsi«

■ Aberglaube und richtiges Sehen

3. Figuren

■ Historische und erfundene Figuren

Brecht folgt in der Auswahl und Konstellation der Figuren weitgehend den historischen Ereignissen, weicht aber teilweise in der Gestaltung des Handlungsverlaufs und der Rolle, welche die Figuren in einzelnen Szenen spielen, von den Fakten ab. So macht er Cosimo II., den Großherzog der Toskana, bei dessen Regierungsantritt um zehn Jahre jünger und erfindet eine Begegnung mit Galilei vor dessen Verhaftung, obwohl der Großherzog damals längst gestorben war. Galileis Lieblingstochter Virginia trat bereits mit 16 Jahren in ein Kloster ein und starb 1634, die Verlobung mit Ludovico und die Pflege und Überwachung des Vaters während seines Hausarrests sind ebenso frei erfunden wie die Figur seiner Haushälterin und deren Sohn Andrea, der kleine Mönch oder der Eisengießer Vanni. Die erfundenen Figuren dienen der Profilierung der Hauptfigur und der szenischen Gestaltung des zentralen Themas: der Rolle und Funktion von Wissenschaft und Erkenntnis in gesellschaftlichen Verhältnissen, die von Macht, Unterdrückung und ideologischer Manipulation geprägt sind.

■ Profilierung der Hauptfigur

Figurenkonzeption

Brecht zeigt in seinem Stück die Titelfigur nicht in einem inneren Konflikt, der zum Entschluss des Widerrufs führt, sondern stellt ihre Verhaltensweisen in entscheidenden Situationen dar. Wenn Brecht während der langen Arbeit an den verschiedenen Fassungen des Stücks Galileis Widerruf immer negativer beurteilt und ihn schließlich zum Verbrecher erklärt, dann ist das kein moralisches Urteil über ein individuelles Verhalten, sondern zeigt die Bedeutung des Verhaltens für die Entwicklung der Wissenschaft und ihre Indienstnahme durch die verschiedenen Machthaber im geschichtlichen Prozess. Diesen Prozess und seine Mechanismen für die Zuschauer durchschaubar zu machen, war für Brecht die Aufgabe des Theaters »im wissenschaftlichen Zeitalter«[5]. Nicht für den »psychologischen« Fall Galilei soll sich der Zuschauer interessieren,[6] sondern für die politisch-gesellschaftlichen und ideologischen Zusammenhänge, in denen die Figuren agieren.

■ Verhaltensweisen versus innere Konflikte

Figuren werden damit zu Repräsentanten im Grundkonflikt zwischen einer neuen Zeit, die durch wissenschaftliche Erkenntnis und den Zweifel an den tradierten Denkweisen und Machtverhältnissen beginnt, und den sozialen Gruppen und Institutionen, die diese Machtverhältnisse aufrechterhalten wollen. Sie sind zugleich Sprachrohr der Interessen, Denkweisen, Wertvorstellungen und Weltbilder der verschiedenen gesellschaftlichen Gruppen, die in ihrem Verhalten und in den dialogischen Auseinandersetzun-

■ Repräsentanten im Grundkonflikt

---

5 Bertolt Brecht, *Kleines Organon für das Theater*, in: Brecht (s. Anm. 2), Bd. 16, S. 662.
6 Walter Hinck, *Die Dramaturgie des späten Brecht*, Göttingen [6]1977, S. 22.

■ Sprengkraft
des neuen
Weltbilds

gen sichtbar werden. Welche Sprengkraft in dem neuen Weltbild liegt, das durch die Methode des Experiments und das Denkprinzip des Zweifels ermöglicht wurde, zeigen nicht nur die Vertreter der Kirche wie der sehr alte Kardinal, der kleine Mönch und der Inquisitor, sondern auch Ludovico als Vertreter des Landadels, Vanni als Repräsentant des handel- und gewerbetreibenden Bürgertums sowie die Pamphletisten und Balladensänger bei den Fastnachtsumzügen.

Figurenkonstellation

Im Mittelpunkt des Stücks steht der Physiker Galilei, der in allen Szenen oder Bildern auftritt außer der Fastnachtsszene (10. Szene, S. 94–98), dem Empfang des Inquisitors beim Papst (12. Szene, S. 105–108) und der Schlussszene (15. Szene, S. 128–131). Bereits in der 1. Fassung geht es Brecht nicht um den individuellen Fall der historischen Figur, sondern um das Verhalten eines Wissenschaftlers im Konflikt mit der Macht. Im Lauf der zahlreichen Be- und Umarbeitungen wird

■ Galilei als
Demonstra-
tionsfigur

Galilei mehr und mehr zur parabelhaften »Demonstrationsfigur«,[7] an der Probleme und Widersprüche der Rolle der Intellektuellen in aktuellen politisch-gesellschaftlichen Situationen thematisiert werden: vom Kampf gegen den Faschismus über die Moskauer Schauprozesse (1936–38) im Stalinismus und die Rol-

---

7 Theo Buck, *Dialektisches Drama, dialektisches Theater*, in: *Zu Bertolt Brecht. Parabel und episches Theater*, hrsg. von T. B., Stuttgart ²1983, S. 128.

le der Physiker bei der Herstellung der Atombombe bis zur dogmatisch erstarrten Ideologie im SED-Staat der DDR. In der langen Auseinandersetzung Brechts mit seiner Figur von den ersten Entwürfen Ende der dreißiger Jahre bis zu den Proben im Berliner Ensemble bis kurz vor seinem Tod wird diese auch zu einer »Selbstprojektion« des Autors, in die seine eigenen »Haltungen, Zweifel und Hoffnungen« eingeflossen sind.[8]

■ Selbstprojektion des Autors

Dem Protagonisten, der mit dem Instrument der Vernunft und der empirisch-experimentellen Methode des Erkennens der Wegbereiter einer neuen Zeit ist, stehen Figuren gegenüber, welche die alte Ordnung repräsentieren, die durch die neuen Erkenntnisse bedroht ist: die Vertreter der Kirche (der Papst, die Kardinäle Bellarmin und Barberini, der Inquisitor, Pater Clavius und Astronomen im Collegium Romanum), Ludovico als Repräsentant des Landadels und der Feudalordnung, die Gelehrten am Hof des Großherzogs von Toskana als Vertreter der tradierten Wissenschaft, die sich auf die Schriften der Autoritäten (Aristoteles) stützt. Helferfiguren des Protagonisten sind seine Schüler und Mitarbeiter (Andrea, der Linsenschleifer Federzoni, später der kleine Mönch) und der Freund Sagredo, der Galilei die gefährlichen Folgen seiner astronomischen Entdeckungen bewusst machen möchte und ihn davor warnt, an den Hof von Florenz zu gehen.

■ Zwischen alter Ordnung und neuer Zeit

■ Helferfiguren

8 Buck (s. Anm. 7), S. 135.

Brecht zeigt Galilei nicht nur in seiner Rolle als Wissenschaftler im Konflikt mit der Macht, sondern auch in seinen Verhaltensweisen im privaten und beruflichen Umfeld. Bedenkenlos zerstört dieser die langjährige Verlobung seiner unehelichen Tochter Virginia mit Ludovico, weil ihm seine Erkenntnisleidenschaft wichtiger ist als deren Glück. Diese gerät immer mehr unter den Einfluss der Kirche, die sie als Instrument der Überwachung Galileis nach der Verurteilung zum Hausarrest benutzt. Bis zur Verurteilung führt ihm die gläubige Frau Sarti den Haushalt, sorgt für sein leibliches Wohl und kümmert sich selbst während der Pest um ihn, obwohl er durch seine Forschungen für sie ein »Ketzer« (S. 90) ist. Ihr wissbegieriger Sohn Andrea wird nicht nur zum wichtigsten Schüler, sondern auch zum geistigen Sohn Galileis. Seine Bedeutung im Stück bekommt er als Korrespondenzfigur für die Thematisierung des zentralen Problems der gesellschaftlichen Funktion der Wissenschaft und der Verantwortung des Forschers.

■ Familiäre Konstellation

Neue Zeit und alte Ordnung stehen sich nicht nur im privaten Umfeld Galileis gegenüber, sondern auch in seinem beruflichen. Die Ratsherren der Republik Venedig, die eine gewisse Unabhängigkeit der Forschung von der Kirche ermöglicht, aber Galilei schlecht bezahlt, sind nur an der ökonomischen Verwertbarkeit von Erkenntnissen interessiert, so dass sich Galilei gezwungen sieht, ein Fernrohr als eigene Erfindung auszugeben, um sein Gehalt zu verbessern. Um Zeit für seine astronomischen Entdeckungen zu

■ Konstellation als Wissenschaftler

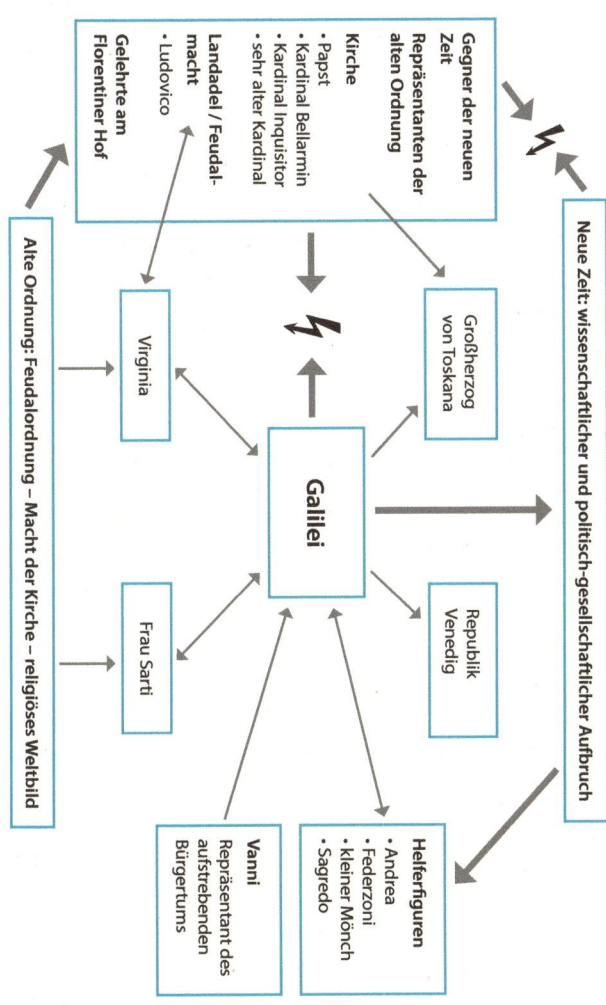

Abb. 2: Figurenkonstellation

haben, wird Galilei Hofgelehrter in Florenz, gefährdet damit aber zugleich die Freiheit des Forschens durch die Abhängigkeit einer Feudalmacht von der Kirche, die ihn schließlich zum Widerruf zwingt und ihn zum Gefangenen der Inquisition macht, der nur noch unter deren Kontrolle seine Forschungen wie ein Laster weiterführt.

■ Macht der Kirche

Charakterisierung der Figuren

Galilei

Mit keiner Figur seiner Stücke hat sich Brecht über so einen langen Zeitraum und so kritisch auseinandergesetzt, bei keiner hat sich seine eigene Sichtweise so deutlich von der Reflexion über das »listige« Verhalten gegenüber der Gewalt zur vehementen moralischen Verurteilung verändert. Noch bei den Proben zur Aufführung am Berliner Ensemble 1955/56 insistierte Brecht auf einer Spielweise, die vor allem bei der Gestaltung der 14. Szene jede Sympathie mit der Figur oder eine Einfühlung in diese verhindern sollte.

■ Von der List zum Verbrechen

In der 1. Fassung rechtfertigt Galilei in der 8. Szene seinen Verzicht auf weitere astronomische Forschungen und sein Schweigen zur Diskussion über die Sonnenflecken gegenüber seinen Schülern und Mitarbeitern mit der Erzählung vom Philosophen Keunos,[9] die weitgehend mit der 1930 publizierten Keuner-Ge-

■ List des Intellektuellen

9 Bertolt Brecht, *Leben des Galilei* [1. Fassung 1938/39], in: B. B., *Werke. Große kommentierte Berliner und Frankfurter*

schichte *Maßnahmen gegen die Gewalt* identisch ist.[10]
In den *Geschichten vom Herrn Keuner* ging es Brecht
wie in seinen Lehrstücken um eine »neue Ethik«
(S. 122), die Verhaltensweisen nicht mit absolut ge-
setzten moralischen Maßstäben misst, sondern nach
ihrer Funktion im Kampf gegen politisch-gesellschaftliche Gewaltverhältnisse beurteilt. In dem Auf-
satz *Fünf Schwierigkeiten beim Schreiben der Wahrheit* (1935) sah er die Aufgabe der Schriftsteller darin,
»ein richtiges Denken« zu lehren, »ein Denken, das
alle Dinge und Vorgänge nach ihrer vergänglichen
und veränderbaren Seite fragt«.[11] Auf ein solches Denken zielt auch die Wahrheit von Galileis Forschungen:
»Die Bewegungen der Himmelskörper sind über-
sichtlicher geworden; immer noch unberechenbar
sind den Völkern die Bewegungen ihrer Herrscher.«
(S. 125)

■ Kampf
gegen den
Faschismus

　　Es »handelt sich nicht um die Planeten, sondern um
die Campagnabauern« (S. 77), bemerkt Galilei im Gespräch mit dem kleinen Mönch und macht damit die
weltanschauliche und gesellschaftliche Sprengkraft
seiner wissenschaftlichen Methode des Zweifelns
und Experimentierens deutlich, mit der nicht nur die
Bewegungen der Gestirne neu gesehen werden kön-

■ Sprengkraft
der neuen
Methode

　　Ausgabe, hrsg. von Werner Hecht und Jan Knopf, Bd. 5,
　　Frankfurt a. M. 1988, S. 72 f.
10 Bertolt Brecht, *Geschichten vom Herrn Keuner*, in: Brecht
　　(s. Anm. 2), Bd. 12, S. 375 f.
11 Bertolt Brecht, *Fünf Schwierigkeiten beim Schreiben der
　　Wahrheit*, in: Brecht (s. Anm. 2), Bd. 18, S. 222–239, hier
　　S. 237.

nen, sondern auch politisch-gesellschaftliche Verhältnisse in Frage gestellt werden. Es ist Brechts eigene Hoffnung auf die verändernde Macht der Vernunft, die er hier in seine Figur hineinprojiziert, die er aber von Anfang an in ihren durchaus widersprüchlichen Verhaltensweisen als genussfreudiger Mensch und Forscher zeigt: »Er denkt aus Sinnlichkeit. Zu einem alten Wein oder einem neuen Gedanken könnte er nicht nein sagen« (S. 108), formuliert der neue Papst pointiert. Galilei geht nicht nur nach Florenz, weil er mehr Zeit für seine Forschung braucht, sondern weil er »die Fleischtöpfe« (S. 37) haben will. Bei der Umgestaltung der 14. Szene in der 3. Fassung hat Brecht diese Mischung kritisch zugespitzt: Galilei schreibt die »Discorsi« zu Ende, nicht um einen notwendigen Beitrag zum wissenschaftlichen Fortschritt zu leisten, sondern weil sein Wissensdrang zu einem »Laster« (S. 121) geworden ist, dem er sich so wenig entziehen kann wie seiner Essgier.

Der Haltung des radikalen Zweifels mit dem Instrument der Vernunft steht dabei die politisch-gesellschaftliche Naivität gegenüber, die sich in der Hoffnung auf den Schutz durch den Großherzog und die liberale Haltung des neuen Papstes ebenso zeigt wie in der brüsken Ablehnung der Unterstützung durch Vanni. Die Lust, den begabten kleinen Andrea sehen zu lehren, steht im Gegensatz zu dem Zwang, durch gut bezahlten Privatunterricht seine sinnlichen Bedürfnisse befriedigen zu können. Während er trotz der Pest unter Lebensgefahr seine Forschungen fort-

Vernunft und Sinnlichkeit

Politisch-gesellschaftliche Naivität

setzt, widerruft er aus Angst vor dem »körperlichen Schmerz« (S. 123) die erkannte »Wahrheit« (S. 122) des kopernikanischen Systems.

Dieser Widerruf bildet nicht nur in allen drei Fassungen den Höhepunkt des Konflikts mit der Macht, sondern ist auch der Dreh- und Angelpunkt von Brechts veränderter Sichtweise seiner Figur und deren Rezeption auf der Bühne und in der wissenschaftlichen Forschung. Während Galilei in der 1. Fassung seinen Widerruf als Verrat an der Vernunft und dem wissenschaftlichen Fortschritt betrachtet, wird dieser in der 3. Fassung zum Verbrechen an der Menschheit, weil er den Beginn einer Instrumentalisierung und Indienstnahme der Wissenschaft durch die jeweils Herrschenden markiert.

■ Von situativer Ethik zur moralischen Norm

Die »Familie«

Im Unterschied zum historischen Galilei, der mit seiner Lebensgefährtin Marina Gamba während seiner Zeit in Padua drei Kinder hatte, reduziert Brecht die Familie auf die Tochter **Virginia**, seine Haushälterin **Frau Sarti** und deren Sohn **Andrea**. Familie ist, anders als in den Wertvorstellungen des Bürgertums seit dem 18. Jahrhundert, kein Raum individueller emotionaler Bindungen, sondern für Galilei eine Zweckgemeinschaft, die ihm den Rücken freihält für die Befriedigung seiner geistigen und sinnlichen Bedürfnisse. Weil er **Virginia** nicht für »intelligent« (S. 31) hält, lässt er sie nicht teilnehmen an seiner For-

■ Familie: kein emotionaler Raum

■ Beziehung zur Tochter

schung, reduziert sie auf die weibliche Rolle als zukünftige Ehefrau eines Landadligen und überlässt ihre geistig-emotionale Entwicklung dem Einfluss seiner Haushälterin und nicht zuletzt der Kirche. Als Galilei den venezianischen Ratsherren seine Erfindung präsentiert, darf sie dekorativ neben dem Fernrohr stehen. Ihren Wunsch, einmal durch das Fernrohr zu sehen, weist er schroff mit dem Hinweis zurück, das sei »kein Spielzeug« (S. 36). Beim Ball im Hause des Kardinals Bellarmin interessiert er sich nur dafür, dass sie in der Gesellschaft eine gute Figur macht. Als sie nach der Auflösung der Verlobung mit Ludovico ohnmächtig wird, kümmern sich Andrea und der kleine Mönch um sie, während Galilei nur an die Wiederaufnahme seiner astronomischen Beobachtungen denkt: »Ich muß es wissen« (S. 93).

Reduktion auf weibliche Rolle

Die 14. Szene zeigt, wie sich Aufgabe und Rolle Virginias verändern, nachdem Galilei ein Gefangener der Inquisition geworden ist. Aus der abhängigen, unselbständigen Tochter ist Galileis Haushälterin geworden, die sich sich um das leibliche Wohl genauso sorgt wie um das Seelenheil ihres Vaters. Sie hat dafür gebetet, dass er durch einen Widerruf vor der Verdammnis als Ketzer gerettet wird; nun ist sie zum »Spitzel der Inquisition«[12] geworden und überwacht seine Besuche, seine Arbeit, seine Korrespondenz und auch den Besuch Andreas. Virginia verkörpert

Rollenwandel Virginias

12 Bertolt Brecht, »Aufbau einer Rolle / Laughtons Galilei«, in: *Brechts »Leben des Galilei«*, hrsg. von Werner Hecht, Frankfurt a. M. 1981 [u. ö.], S. 103.

zum einen den Sieg der Kirche und des tradierten Glaubens über den Wegbereiter einer neuen Zeit und ist zugleich ein Opfer der rücksichtslosen Forschungsleidenschaft ihres Vaters und der Macht der Kirche, die sie als Werkzeug instrumentalisiert.

Wie in der Figur der Virginia, so zeigt sich auch in der Rolle von **Frau Sarti**, »wie der übergeordnete Konflikt [...] auch in die persönliche, in die familiäre Sphäre eindringt«.[13] Sie führt Galilei nicht nur den Haushalt, sondern kümmert sich auch darum, dass er durch Privatunterricht so viel einnimmt, dass der Milchmann bezahlt werden kann. Ohne dass sie Genaueres über Galileis Forschungen weiß, spürt sie instinktiv die Schwierigkeiten, in die sie geraten kann, wenn Andrea das Wissen, das ihm Galilei vermittelt, in der Schule »herumplappert« (S. 12). Durch ihren unreflektierten Glauben, der auch den Aberglauben an die Wahrheit der Horoskope einschließt, repräsentiert sie das einfache Volk, das durch die »Beweise« (S. 37) der Vernunft nicht so leicht aufzuklären ist, wie es Galilei im Gespräch mit Sagredo glaubt. Obwohl Frau Sarti ihn für einen »Ketzer« (S. 90) hält, bleibt sie während der Pest bei ihm; sie hält zu ihm, obwohl sie ihren Sohn »in Sünde fallen« (S. 90) sieht durch den von Galilei geweckten Erkenntnisdrang und auch Angst um ihre eigene »ewige Seligkeit« (S. 90) hat. Ihre emotionale Wärme im Umgang mit Virginia, mit der sie Brautwäsche näht, steht im Kontrast zur Ge-

■ Unreflektierter Glaube

■ Emotionale Wärme

13 Ernst Schumacher, *Drama und Geschichte. Bertolt Brechts »Leben des Galilei« und andere Stücke*, Berlin 1965, S. 291.

fühllosigkeit Galileis gegenüber dem Glück seiner Tochter. Obwohl Brecht Frau Sarti nach ihrer Kritik an Galileis Konflikt mit der Kirche und an der Zerstörung der Verlobung in den weiteren Szenen nicht mehr auftreten lässt, ist sie durch ihre Fähigkeit zur Mitmenschlichkeit ein Gegenpol zur Egozentrik von Galileis Erkenntnistrieb.

Schüler, Mitarbeiter, Helferfiguren

Neben Galilei ist **Andrea** sowohl dramaturgisch als auch thematisch die wichtigste Figur im Stück: Er begleitet in seiner Entwicklung vom Schüler zum Mitarbeiter die Forschungen seines Lehrers, er ist unzufrieden, weil dieser acht Jahre lang nicht an den Beweisen für das heliozentrische Weltbild arbeitet. Er ist maßlos enttäuscht von Galileis Widerruf, mit dem der »Weinschlauch« und »Schneckenfresser« seine »geliebte Haut gerettet« (S. 113) habe. Er rechtfertigt in der 14. Szene den Widerruf und provoziert damit die »mörderische« (S. 127) Selbstanalyse Galileis. In der letzten Szene schmuggelt er mit einer List die »Discorsi« über die Grenze.

Schon in der ersten Szene ist er als kleiner Junge in Bann gezogen von den Demonstrationen, mit denen ihm Galilei das neue Weltbild erklärt. Er »möchte auch Physiker werden« (S. 21), verteidigt in der Rauferei mit dem jungen Großherzog das neue Weltbild und ist bestürzt über die Dummheit der Hofgelehrten, die sich weigern, durch das Fernrohr zu schauen

■ Vom Schüler zum Mitarbeiter

(»Sie sind dumm«, S. 47). Wie intensiv sich die geistige und emotionale Beziehung zu Galilei entwickelt, zeigt sich vor allem in der Pestszene, als Andrea von der Kutsche springt und zu Galilei zurückkehrt, um seinen Lehrer bei der Arbeit zu unterstützen.

■ Emotionale Bindung

Er wird zum treuen und begeisterten Mitarbeiter Galileis, auch wenn ihn dieser für seine Arbeit »nie [...] richtig bezahlt« hat und er sich »weder eine Hose kaufen noch selber publizieren« (S. 113) konnte. Galileis Widerruf zerstört nicht nur sein Idealbild von einem mutigen Wissenschaftler, der für die Wahrheit als Held auch sein Leben opfert, sondern auch seine Hoffnung auf die verändernde Kraft der Vernunft: »Unglücklich das Land, das keine Helden hat!« (S. 113) In ihrer maßlosen Enttäuschung haben weder Andrea noch Federzoni und der kleine Mönch ein Ohr für Galileis Entgegnung: »Unglücklich das Land, das Helden nötig hat.« (S. 114)

■ Widerruf als traumatische Erfahrung

Der Leser erfährt nichts darüber, wie Andrea mit dieser traumatischen Erfahrung umgeht. Als er vier Jahre später Galilei auf seinem Weg nach Holland, wo er wissenschaftlich arbeiten will, noch einmal aufsucht, berichtet er nur über die Rückschläge, welche die Wissenschaft durch die »völlige Unterwerfung« (S. 119) Galileis erlitten habe. Erst in seiner Reaktion auf die Mitteilung Galileis, er habe an den »Discorsi« (S. 121) weitergearbeitet und diese fertiggestellt, und in seiner anschließenden Rechtfertigung des Widerrufs wird deutlich, dass er die Aufgabe des Wissenschaftlers nur darin sieht, einen »Beitrag« zum Fortschritt der Erkenntnis zu leisten: »Die Wissenschaft kennt nur ein Gebot: den wissenschaftlichen Beitrag.« (S. 124) Er steht damit für Brecht als Prototyp für die Entwicklung der Wissenschaft, die sich als scheinbar »reine« Forschung ihrer sozialen Verantwortung entzieht, aber damit umso mehr für die Zwecke der Machthabenden in Dienst genommen werden kann.[14]

■ Prototyp für die »reine« Forschung

»Für die neuen Gedanken brauchen wir Leute, die mit den Händen arbeiten« (S. 91 f.), sagt Galilei in der 9. Szene. In **Federzoni** hat er einen Mitarbeiter aus der Schicht der Handwerker, der nicht nur die Linsen für das Fernrohr schleift, sondern sich für die Beobachtungen interessiert, mit denen Galilei das kopernikanische Weltbild beweisen will. Er möchte wie Andrea, dass Galilei nicht über schwimmende Körper arbeitet, sondern in die Diskussion über die »Sonnenflecken« (S. 83) eingreift, und er ärgert sich, dass er die Bücher nicht lesen kann, die dazu erscheinen, weil sie in Latein geschrieben sind. Ludovico ist für ihn ein Repräsentant der adligen Grundbesitzer, die gegen den »Erde-um-die-Sonne-Zirkus« (S. 87) sind, »damit ihre Schlösser nicht herunterpurzeln« (S. 92). Wie Galilei glaubt er an die soziale Sprengkraft der neuen Erkenntnisse, aber dazu müssten diese nicht in Latein als der damaligen Sprache der Gelehrten, sondern »in der Sprache des Volkes« (S. 91) geschrieben werden. Wie Andrea und der kleine Mönch hofft Federzoni darauf, dass Galilei nicht widerruft, und als dieser ein

■ Aufgeschlossenheit der Handwerker

14 Brecht (s. Anm. 2), S. 1112.

Gefangener der Inquisition wird, bleibt ihm, da er kein Gelehrter ist, nichts anderes übrig, als wieder Linsen »in irgendeinem Mailänder Laden« (S. 120) zu schleifen.

Anders als Federzoni interessiert sich der Eisengießer **Vanni**, für Brecht ein »Vertreter der fortschrittlichen bürgerlichen Klasse«,[15] weniger für die »Bewegungen der Sterne« als für den Kampf um »die Freiheit [...], neue Dinge lehren zu dürfen.« (S. 100) Um »ihre Geschäfte betreiben zu können«, braucht die Klasse der Kaufleute und Unternehmer die Erkenntnisse der Wissenschaft nicht nur für den technischen und gewerblichen Fortschritt, sondern auch dazu, die »herrschende Ideologie [zu] zertrümmern«,[16] die diesem Fortschritt im Wege steht. Er versichert Galilei, dass er »Freunde in allen Geschäftskreisen« habe und bietet ihm seine Hilfe an, nach Venedig zu fliehen, um von dort aus »den Kampf auf[zu]nehmen« (S. 101). Brecht hat diese Figur (unter dem Namen Matti) erst in der amerikanischen Fassung eingebaut, um Galileis Weigerung der Zusammenarbeit mit der aufsteigenden Klasse des Bürgertums als Verrat an der sozialen und gesellschaftlichen Aufgabe der Wissenschaft darzustellen.

Mit der Figur des **Fulganzio**, des »kleine[n] Mönch[s]« (S. 6), hat Brecht den Konflikt zwischen Glauben und Erkenntnis, Kirche und Wissenschaft, alter

■ Vertreter des fortschrittlichen Bürgertums

■ Konflikt zwischen Glauben und Wissen

---

15 Brecht, »Aufbau einer Rolle / Laughtons Galilei«, in: *Brechts »Leben des Galilei«* (s. Anm. 12), S. 101.
16 Brecht (s. Anm. 15), S. 98.

und neuer Ordnung ins Innere einer Figur verlegt. Als Sohn armer Bauern der Campagna kennt er das »Elend« (S. 76) ihres arbeitsamen Lebens innerhalb der Feudalordnung, das für die Bauern nur erträglich ist, weil die Kirche ihnen »versichert« (S. 75) hat, dass Gott sieht, wie sie sich in ihrem Leben bewähren. Als Mönch, der Mathematik studiert hat und bei der Überprüfung der Entdeckungen Galileis durch das Collegium Romanum dabei war, zweifelt Fulganzio nicht an der Richtigkeit des kopernikanischen Systems. Aber weil er sich einfühlend in die Situation seiner Eltern versetzt, sieht er die Folgen des neuen Weltbilds, das ihnen den Glauben an den »Sinn« (S. 76) ihres Elends nimmt, und ist entschlossen, der Astronomie zu entsagen. In das Dekret, mit dem die Inquisition die Lehre des Kopernikus »auf den Index« (S. 64) gesetzt hat, liest er deshalb »ein edles mütterliches Mitleid, eine große Seelengüte« (S. 76) hinein, weil es den »Seelenfrieden Unglücklicher« (S. 77) sichert. Auch wenn Fulganzio im Gespräch mit Galilei die »Seelengüte« als Rechtfertigungsideologie für die Aufrechterhaltung von Herrschaft begreift und die wissenschaftliche Erkenntnis als Instrument im Kampf gegen Unterdrückung erkennt, ändert er seine Entscheidung erst, als Galilei ihm »einen Packen Manuskripte« (S. 79) hinwirft und damit den Erkenntnisdrang des kleinen Mönchs weckt. Acht Jahre später hofft er als Mitarbeiter Galileis auf den neuen Papst, der »ein aufgeklärter Mann« (S. 92) sein werde. Tief enttäuscht von Galileis Widerruf, gibt er die For-

■ Rechtfertigung des Verbots der neuen Lehre

■ Wird zum Helfer Galileis

schung auf und kehrt »in den Schoß der Kirche«
(S. 120) zurück.

Mit der Figur des **Sagredo**, deren Vorbild der mit
dem historischen Galilei eng befreundete veneziani-
sche Ratsherr Giovanni Francesco Sagredo war, thematisiert Brecht in der 3. Szene nicht nur den religiösen und weltanschaulichen Umsturz durch die Beweise für das kopernikanische System, sondern
macht auch Widersprüche im Denken und Verhalten
des Protagonisten deutlich. Im Unterschied zu Galilei, der in seiner Entdeckerlust nur auf die Beweis-
möglichkeiten fixiert ist, welche die Beobachtungen
durch das Fernrohr bieten, machen Sagredo die Folgen der »Wahrheit« (S. 33) Angst: Wenn die Erde nur
ein kleiner Stern unter zahlreichen anderen ist, stellt
sich für ihn die Frage, wo »Gott« (S. 33) in dem neuen
Weltsystem ist, und er sieht den gefährlichen Konflikt mit der Kirche voraus. Denn im Gegensatz zu
Galilei glaubt er nicht an die »sanfte Gewalt der Vernunft über die Menschen« (S. 34), und er schätzt die
Macht der »Mönche« (S. 38) am Hof von Florenz rea-
listischer ein als Galilei, der nur die »Fleischtöpfe«
(S. 37) und die freie Zeit sieht, die er als Hofgelehrter
für seine Forschungen gewinnt.

■ Angst vor
den Fol-
gen der
Wahrheit

■ Zweifel
an der
Macht der
Vernunft

Repräsentanten der alten Ordnung

Die **Kirche**, die das neue Weltbild bekämpft, ist der
entscheidende Gegenspieler Galileis. Brecht wollte sie,
»auch wo sie der freien Forschung entgegentritt, ein-

■ Kirche als
›Obrigkeit‹

fach als Obrigkeit« zeichnen, die sowohl als »letzte wissenschaftliche« als auch »letzte politische Instanz« fungiert.[17] Die wichtigste Figur ist dabei der **Kardinal Inquisitor**, der die Gläubigkeit Virginias für die Überwachung ihres Vaters instrumentalisiert, am Hof von Florenz die Auslieferung Galileis an die Inquisition organisiert und schließlich den Papst überredet, beim Verhör Folterwerkzeuge zu verwenden, um Galilei zum Widerruf zu bringen, dessen Ängste vor dem »körperlichen Schmerz« (S. 123) er richtig einschätzt. In der Audienz des Inquisitors beim Papst wird deutlich, dass es im Kampf der Kirche nicht um die »Wahrheit« (S. 21) astronomischer Modelle geht, sondern um die Aufrechterhaltung der bisherigen politischen und sozialen Ordnung, die durch eine an allem zweifelnde »Vernunft« (S. 106) in Frage gestellt würde. Das Machtkalkül des Inquisitors wird vor allem darin deutlich, dass er die Sternkarten akzeptiert, die durch die neuen Berechnungen Galileis möglich sind, weil sie »materielle[n] Interessen« (S. 107) der oberitalienischen Seestädte dienen, aber zugleich die Lehre auf den Index setzt, die diese Sternkarten ermöglicht.

■ Mächtige
Kontroll-
instanz

■ Machtkalkül
und Be-
rechnung

Im Unterschied zum Inquisitor sieht Kardinal **Bellarmin** das Konfliktpotential zwischen dem Wahrheitsanspruch des neuen Weltbilds und dem Autoritätsanspruch der Kirche als wissenschaftlicher und politischer Instanz. In einem Gespräch versucht er Galilei rhetorisch geschickt das Verbot des kopernika-

■ Altes
Weltbild
stabilisiert
die alte
Ordnung

17 Brecht (s. Anm. 2), S. 1110.

nischen Systems nahezubringen: Er rechtfertigt den Glauben und die Religion als Sinngebung einer »abscheulich[en]« (S. 68) Welt, und er unterscheidet zwischen der »Behandlung« der Lehre als wissenschaftliche »Hypothese« (S. 70) und der Verbreitung dieser Lehre als revolutionäre »Wahrheit« (S. 68). **Kardinal Barberini** wiederum ist selbst Wissenschaftler. Als er als Urban VIII. Papst wird, hoffen Galilei und seine Mitarbeiter, dass er die Forschungen zum Beweis des kopernikanischen Systems tolerieren werde. Die Audienz des Inquisitors beim Papst zeigt aber, symbolisiert durch die Ankleideszene und durch »das Geschlurfe vieler Füße« (S. 105), die Rollenzwänge, denen Barberini als Papst unterworfen ist, so dass er dem Verhör gegen seine Überzeugung zustimmt.

■ Unterwirft sich Rollenzwängen

Mit der Figur des **Ludovico Marsili**, des Verlobten von Virginia, hat Brecht in der 2. und 3. Fassung einen Vertreter der adligen Gutsbesitzerschicht gewählt, die das alte Weltbild braucht, um die Besitzverhältnisse und die Herrschaft über die Bauern aufrechtzuerhalten, die ihrerseits darin wiederum eine gottgegebene Ordnung sehen. Im Unterschied zur 1. Fassung tritt Ludovico nun bereits in der 1. Szene auf, um sich auf Wunsch der Mutter etwas »in den Wissenschaften« (S. 14) umzusehen, obwohl er dafür weder begabt ist noch großes Interesse hat; mit seiner Nachricht vom Fernrohr initiiert er unfreiwillig Galileis Forschungen. Die Hochzeit mit Virginia schiebt er lange auf, weil er aufgrund seiner Herkunft keine familiären Beziehungen zu einem Ketzer eingehen kann. Als Gali-

■ Herrschaft der Gutsbesitzer gilt als gottgegeben

■ Auflösung
der Ver-
lobung

lei mit der Untersuchung der Sonnenflecken beginnt,
löst er die Verlobung mit Virginia auf.

■ Repräsen-
tanten der
tradierten
Wissen-
schaft

Noch stärker als die Vertreter der Kirche sind die
Gelehrten am Florentiner Hof als Repräsentanten
einer Wissenschaft typisiert, die sich auf die philosophischen Autoritäten stützt und sich die »Ordnung«,
»Schönheit« und »Harmonie« (S. 46) des Kosmos nicht
zerstören lassen möchte. Brecht hat bei den Proben betont, dass es sich beim Philosophen und Mathematiker
nicht um Karikaturen einer borniertem Gelehrten-
zunft handelt, sondern »um echte Gelehrte, um wirkliche Wissenschaftler«,[18] die die tradierten Methoden
ihrer Disziplin, nämlich den theoretischen Disput und
die Berufung auf den Wahrheitsanspruch des Aristo-

■ Ablehnung
neuer
Erkenntnis-
methoden

teles, gegen die Erkenntnismöglichkeit durch empi-
rische Beobachtung verteidigen. Sie schauen nicht
durch das Fernrohr, weil sie einfach »dumm« (S. 47)
sind, wie der kleine Andrea meint, sondern weil sie
zum einen keinen empirischen Beweis für die Existenz von Gestirnen brauchen, die es nach ihrem Weltbild nicht geben kann, und zum anderen die Gefahren
einer »Wahrheit« erkennen, die »zu allem möglichen
führen« kann (S. 49). Damit stehen sie im Gegensatz
zu Pater Clavius und dem Collegium Romanum, die
die Beobachtungen Galileis mit Hilfe des Fernrohrs
zwar bestätigen, doch nun vor dem Problem stehen,
»wie sie die Himmelskreise wieder einrenken« (S. 63)
können.

18 Werner Hecht, »Brecht probiert Leben des Galilei«, in:
Brechts »Leben des Galilei« (s. Anm. 12), S. 117.

4. Form und literarische Technik

Das Stück besteht aus 15 Szenen oder Bildern, die chronologisch angeordnet und mit arabischen Ziffern nummeriert sind. Acht Szenen sind in den vorangestellten Titeln mit zum Teil genauen Zeitangaben versehen: von astronomischen Entdeckungen am 10. Januar 1610 (3. Szene) über die Bestätigung der Entdeckungen durch das Collegium Romanum 1616 (6. Szene) und das Verbot der Lehre am 5. März 1516 über den Widerruf am 22. Juni 1633 (13. Szene) bis zur Gefangenschaft 1633–42 (14. Szene) und Andreas Schmuggel der »Discorsi« über die Grenze 1637 in der letzten Szene. Mit Ausnahme der Szenen 4 und 5 ist jeder Szenenwechsel mit einem Ortswechsel verbunden, wobei die Schauplätze ausgewählte Stationen (Padua, Venedig, Padua, Florenz, Rom, Landhaus in Arcetri) von Galileis Aufstieg zum »größte[n] Physiker dieser Zeit« (S. 107) über den Konflikt mit der Kirche bis zur Gefangenschaft markieren.

■ Zeit- und Ortsangaben

Den Stationen, die Galilei als Forscher in seinem Studierzimmer in Padua (1. und 3. Szene) und in seinem Haus in Florenz zeigen (4., 5. und 9. Szene), stehen kontrastiv die Räume in Rom gegenüber, in denen das Konfliktpotential zwischen wissenschaftlicher Erkenntnis und tradierter gesellschaftlicher und religiöser Herrschaftsordnung sichtbar wird: ein Saal des Collegium Romanum (6. Szene), das Haus des Kardinals Bellarmin (7. Szene), der Palast des Florentinischen Gesandten (8. und 13. Szene), ein Gemach des

■ Kontrastierung der Räume

55

Vatikans (12. Szene). Dieses Konfliktpotential wird verschärft durch die Verbreitung des neuen Weltbilds »beim Volk« (S. 94), die in der Darbietung eines Balladensängers auf einem »Marktplatz« (10. Szene, S. 94) sichtbar wird. Szenenfolge und Ortswechsel ähneln damit der Bauform des offenen Dramas und stehen im Gegensatz zur tektonischen Aktgliederung im geschlossenen Drama.

Szenenfolge wie im offenen Drama

Allerdings gab es auch Versuche, in der Handlungsstruktur eine Nähe zum pyramidalen Aufbau des klassischen Dramas zu sehen, mit Exposition (1.–3. Szene: Vorstellung der Hauptfigur); Steigerung (4. Szene: Ablehnung der Erkenntnis durch die Hofgelehrten; 5. Szene: Galileis Weiterarbeit); Höhepunkt und Peripetie (6. Szene: Bestätigung durch das Collegium Romanum; 7. Szene: Verbot der kopernikanischen Lehre; 8. Szene: Gespräch über das revolutionäre Konfliktpotential mit dem kleinen Mönch); fallender Handlung (9. Szene: Wiederaufnahme der Forschung; 11. Szene: Auslieferung an die Inquisition; 12. Szene: Zustimmung des Papstes); Katastrophe (13./14. Szene: Galileis Widerruf und Gefangenschaft, seine Selbstverurteilung). Brecht folgt mit diesem Handlungsschema aber nicht der Bauform des von ihm als »aristotelisch« bezeichneten klassischen Dramas, sondern dem »Ablauf von Galileis Leben«: »Nicht der Dramatiker, sondern die Geschichte hatte die entsprechenden Grundsituationen konstruiert.«[19]

Handlungsaufbau wie im klassischen Drama

Aufbaumuster folgt der Geschichte

19 Ernst Schumacher, »Form und Einfühlung«, in: *Brechts »Leben des Galilei«* (s. Anm. 12), S. 155–172, hier S. 157.

Trotz der Orientierung an Galileis Leben hat Brecht den **Aufbau** der Szenenfolge bewusst komponiert und ist dabei teilweise von den historischen Fakten abgewichen. Obwohl es eine Pestepidemie in Italien erst Anfang der 1630er Jahre gab, erfindet Brecht die Pestszene (5. Szene) und baut diese zeitlich vor 1616, vor der Bestätigung von Galileis Entdeckungen durch das Collegium Romanum in der 6. Szene, ein. Tatsächlich erfolgte diese Bestätigung bereits 1611. Es schließt sich das Verbot der kopernikanischen Lehre in der 7. Szene an, die die erfundene 8. Szene vorbereitet, in der der Konflikt des kleinen Mönchs zwischen Wissenschaft und Glauben thematisiert wird. Diese fungiert dramaturgisch als Gelenkstelle zwischen einem ersten Handlungsteil, der in den Kontrast zwischen Triumph und Verbot mündet, und einem zweiten Handlungsteil, der mit der Wiederaufnahme der Forschung beginnt und über den Widerruf zur Selbstverurteilung führt. Erfunden ist auch die Karnevalsszene (10. Szene), die Brecht nach der Wiederaufnahme platziert, um das revolutionäre Potential der Forschungen Galileis zu verdeutlichen.

Mit den Kompositionsprinzipien der **Parallelführung** und **Kontrastierung** arbeitet Brecht wirkungsvoll thematisch-problemorientierte Aspekte der Handlung heraus. In der ersten und letzten Szene, die am Morgen spielen, geht es etwa um das richtige »Sehen«, das zu neuen Erkenntnissen führt. Galileis Euphorie des Anbruchs einer »neue[n] Zeit« (S. 8) steht der nüchterne Blick Andreas auf den wissenschaft-

■ Parallelführung und Kontrastierung

■ Revolutionäre Bedeutung der Erkenntnis

lichen Fortschritt in der 15. Szene gegenüber. Galileis Überzeugung von der Kraft der »Vernunft« (S. 34) im Gespräch mit Sagredi (3. Szene) wird enttäuscht durch die Weigerung der Hofgelehrten in der 4. Szene, einen Blick durch das Fernrohr zu werfen. Während Galilei in der 5. Szene trotz der Pest unter Lebensgefahr seine Forschungen fortsetzt, widerruft er in der 13. Szene aus Angst vor dem körperlichen Schmerz. Kontrastiv angelegt sind auch die Szenen 7 und 15: Dem Verbot der kopernikanischen Lehre steht die Verbreitung der »Discorsi« gegenüber, die Andrea über die Grenze schmuggelt.

Verzahnung der Szenen durch Motive

Verzahnt sind die Szenen auch durch **Motive**, die bildhaft zentrale Probleme des Stücks verdeutlichen. Mit der Milch, die Andrea für Galilei auf den Tisch stellt, beginnt das Stück; in der Pestszene (5 a.) stellt eine alte Frau dem eingeschlossenen Galilei »einen Krug Milch vor die Tür« (S. 55), und in der Schlussszene bezahlt Andrea einen Krug Milch für eine Frau, der man keine Milch verkauft, weil sie für eine Hexe gehalten wird. Milch steht stellvertretend für den notwendigen Lebensunterhalt sowohl des Wissenschaftlers Galilei als auch des einfachen Volks.

Milch als Motiv

Fernrohr als Leitmotiv

Als dinghaftes **Leitmotiv** ist das Fernrohr, das neue astronomische Beobachtungen ermöglicht, in den meisten Szenen auch optisch präsent. Zwar benutzt Galilei das Instrument, das er als eigene Erfindung ausgibt, zunächst dazu, um eine Gehaltserhöhung zu erreichen, aber bereits während der Demonstration vor den Ratsherren von Venedig hat er das »Rohr [...] auf den Mond gerichtet« (S. 24) und gesehen, dass dieser nicht selbst leuchtet. Kontrastiv sind damit in der 2. Szene der ökonomische und militärische Nutzen des Instruments und seine revolutionäre Bedeutung für die astronomische Forschung gegenübergestellt. Brecht greift diesen Gegensatz in der darauffolgenden Szene auf, wenn Galilei seinem Freund Sagredo am Fernrohr seine bahnbrechenden Entdeckungen zeigt, aber der Kurator darüber empört ist, dass man mit dem Fernrohr nicht die erwarteten Geschäfte machen kann.

■ Ware versus Erkenntnismedium

Mit dem Fernrohr gelingt aber Galilei nicht nur der »Beweis« (S. 35) für das kopernikanische System, sondern er glaubt damit auch ein Instrument zu haben, mit dem er die Gegner dazu bringen kann, seine Beweise zu akzeptieren: »Ich werde sie bei den Köpfen nehmen und sie zwingen, durch dieses Rohr zu schauen« (S. 38). Dass mit dem neuen Instrument sichtbar gemacht werden konnte, was bisher »noch kein Mensch gesehen« (S. 28) hat, bedeutet einen Umsturz des Weltbilds, in dem man mit den Augen die sichtbare Welt als »Zeichen Gottes und Ausdruck seiner Ordnung«[20] wahrnam. Während die Hofgelehrten die Verlässlichkeit des Fernrohrs bezweifeln, verhalten sich die Gelehrten des Collegium Romanum so, wie es Galilei gehofft hat: Sie »trauen« ihren »Augen« (S. 48) und bestätigen Galileis Beobachtungen, und selbst der Kardinal Inquisitor schaut durch

■ Umsturz des alten Weltbilds

20 Jan Knopf, »Bertolt Brecht: *Leben des Galilei*. Sichtbarmachen des Unsichtbaren«, in: *Interpretationen. Dramen des 20. Jahrhunderts*, Bd. 2, Stuttgart 1996, S. 22.

das Rohr. In der Karnevalsszene wird das Rohr als Element der Parodie benutzt, wenn der Großherzog von Florenz »in Sackleinwand […] durch sein Teleskop späht« (S. 98). Das Teleskop ermöglicht ein »neues Sehen«,[21] das als Kernmotiv das Stück durchzieht und zugleich auf den von Brecht intendierten Lernprozess des Lesers und Zuschauers verweist.

Erweiterung des Sichtbaren

Im Gespräch mit dem kleinen Mönch wird das alte Sehen im tradierten religiösen Weltbild deutlich, das mit dem Glauben verbunden ist, dass die Menschen von Gottes »Auge« (S. 76) gesehen werden. Der kleine Mönch stellt sich seine Eltern vor und sieht die gesellschaftlichen Folgen des neuen Sehens: »Es liegt also kein Auge auf uns, sagen sie. Wir müssen nach uns selber sehen« (S. 76). Ihr Elend ist nicht gottgegeben, sondern durch die politisch-gesellschaftlichen Verhältnisse bedingt, die geändert werden können. Denn mit dem »neuen Sehen« können für Brecht nicht nur die »Bewegungen der Himmelskörper« analysiert werden, sondern auch die »Bewegungen« der »Herrscher« (S. 125). Galilei selbst bleibt in der Einschätzung der Machtverhältnisse freilich »blind«, wenn er auf den Schutz durch den Großherzog und seine Wertschätzung durch den neuen Papst vertraut. Mit dem Widerruf verrät er die soziale Verantwortung des neuen Sehens und betreibt, fast erblindet, die Wissenschaft nur noch wie ein Laster.

Der Mensch im Blickfeld Gottes

Neues Sehen der Gesellschaft

Wenn Galilei in der ersten Szene Andrea »sehen«

---

21 Knopf (s. Anm. 20), S. 19 ff.

(S. 12) lehrt, so beteiligt er auch den Leser und Zuschauer durch die Anschaulichkeit der Demonstration an einem Lernprozess, auf den Brecht als Stückeschreiber und Regisseur zielt. Die Aufgabe seines »experimentellen Theaters« sah Brecht darin, »ein Weltbild zu entwerfen, Modelle des Zusammenlebens der Menschen, die es dem Zuschauer ermöglichen konnten, seine soziale Umwelt zu verstehen und sie verstandesmäßig und gefühlsmäßig zu beherrschen«.[22] Dieses »Weltbild« ist seit Ende der 1920er Jahre durch Brechts Beschäftigung mit dem dialektischen Materialismus geprägt, der für ihn keine geschlossene Weltanschauung war, sondern »Methoden der Anschauung« der Wirklichkeit bot, die die Menschen durch »eingreifendes Denken« verändern können.[23] Vor allem in der Karnevalsszene (10. Szene) wird im Stück selbst gezeigt, welche Bedeutung das neue astronomische Modell für die Veränderung der politisch-gesellschaftlichen Verhältnisse haben kann: als Vision einer neuen Ordnung, in welcher der bisher Abhängige und Unterdrückte »sein eigner Herr und Meister« (S. 97) wird.

■ Lernprozess des Zuschauers

■ Rezeption des Marxismus

»Glotzt nicht so romantisch«, forderte bereits bei der Uraufführung (1922) von Brechts frühem Stück *Trommeln in der Nacht* eines der Plakate im Zuschauerraum provokativ das Publikum auf, eine distanzier-

22 Bertolt Brecht, *Über experimentelles Theater*, in: Brecht (s. Anm. 2), Bd. 15, S. 295.
23 Bertolt Brecht, *Der Messingkauf*, in: Brecht (s. Anm. 2), Bd. 16, S. 531.

te, kritische Haltung gegenüber dem Dargestellten einzunehmen. Eine solche Haltung stand für Brecht im Gegensatz zur »Einfühlung« in den Charakter und die Handlungsweise der Figuren im traditionellen Drama, durch die das Publikum die dargestellte Wirklichkeit passiv hinnahm. In seiner Theorie des **epischen Theaters**, die Brecht gegen Ende der 1920er Jahre entwickelte, forderte er neue Techniken der Dramaturgie und der Schauspielkunst, um das Publikum zum Erkennen der Veränderbarkeit des Menschen und der gesellschaftlichen Verhältnisse zu bringen. »[D]a es so ist, bleibt es nicht so«, sagt Galilei in seiner Begeisterung über die »neue Zeit« (S. 8 f.).

■ Theorie des epischen Theaters

Episch nannte Brecht ein Theater, in dem die Bühne nicht einen Vorgang durch den Aufbau einer dramatischen Spannung so darstellt, als bilde er ein wirkliches Geschehen ab, sondern ihn erzählt. Im *Galilei* geschieht das durch die den einzelnen Szenen vorangestellten knappen »Titel«, die über Situation, Handlungszusammenhang, Zeit und Thema informieren und damit die Aufmerksamkeit des Zuschauers von der Spannung auf den Ausgang auf die dargestellten Beziehungen, Verhältnisse und Probleme verschieben: »Galilei hat die Republik Venedig mit dem Florentiner Hof vertauscht. Seine Entdeckungen durch das Fernrohr stoßen in der dortigen Gelehrtenwelt auf Unglauben« (S. 40). Sie unterbrechen den dramatischen Vorgang und machen im Stil einer Chronik der Ereignisse den Leser/Zuschauer zu einem distanzierten Betrachter des Geschehens. Diese Funktion

■ Die Bühne erzählt

■ Distanzierte Betrachtung

wird verstärkt durch kommentierende epigrammatische Verszeilen, die nach den Titeln im Stil von Kinderliedern in pointierter Form auf den Problemgehalt verweisen: »Sechzehnhundertzehn, zehnter Januar: / Galileo Galilei sah, daß kein Himmel war.« (S. 27)

Kernelement des epischen Theaters ist für Brecht der **Verfremdungseffekt**, »eine Technik, mit der darzustellenden Vorgängen zwischen Menschen der Stempel des Auffallenden, des der Erklärung Bedürftigen, nicht Selbstverständlichen, nicht einfach Natürlichen verliehen werden kann«.[24] Von der Vielfalt an Verfremdungstechniken in Brechts Stücken – von Songs und Chören über filmische Einblendungen bis zur Distanzierung der Schauspieler von ihrer Rolle – hat Brecht nur wenige im *Galilei* verwendet, so wenn er etwa in der amerikanischen Fassung die epigrammatischen Verszeilen zur Musik von Eisler von einem Kinderchor singen ließ oder die Kardinäle beim Ball in der 7. Szene Masken mit christlichen Symbolen tragen ließ, welche die Rollenhaftigkeit ihrer Sprechweise und ihres Verhaltens verdeutlichten. In der 10. Szene wird der sozialkritische Impuls des neuen Weltbilds vor allem im Lied des Balladensängers und in der »Prozession« mit Galilei als »Bibelzertrümmerer« (S. 98) verfremdet.

Dialektisches Denken war für Brecht eine zentrale Methode, die Widersprüche im geschichtlichen Prozess und in jeweiligen politisch-gesellschaftlichen

■ Funktion der Verfremdungseffekte

■ Dialektisches Denken

24 Brecht, *Der Messingkauf* (s. Anm. 2), Bd. 16, S. 553.

Verhältnissen zu erkennen. In seinen späteren Reflexionen über die Funktion des Theaters im wissenschaftlichen Zeitalter wurde für ihn die Dialektik zu einem zentralen dramaturgischen Strukturprinzip, und er sah die Aufgabe des Verfremdungseffekts darin, das Augenmerk auf Widersprüche in allen Zuständen zu lenken. Um den Zuschauer oder Leser zum dialektischen Denken zu bringen, hat Brecht vor allem den Protagonisten in seinen Widersprüchen als »Held der Wissenschaften« und »soziale[n] Verbrecher gezeigt«. Die Widersprüche verhindern, »Galilei entweder zu loben oder nur zu verdammen«.[25]

■ Dialekt als Strukturprinzip

Neben der Komposition der Szenenfolge und des Szenenaufbaus verwendet Brecht vor allem die **Dialoggestaltung** dazu, um ein Denken des Rezipienten in Widersprüchen zu fördern. Eine zentrale Rolle spielen dabei die Streitgespräche, in denen die thematisch-problemorientierten Gegensätze argumentativ vertreten werden: in der 3. Szene der Widerspruch zwischen einer optimistischen und pessimistischen Einschätzung der Vernunft, in der 4. Szene zwischen empirischen Fakten und überliefertem Weltbild, in der 8. Szene zwischen Rechtfertigung und Kritik des Verbots der kopernikanischen Lehre.

■ Auseinandersetzung in Streitgesprächen

Unterstützt wird die dialektische Struktur der Dialoge auf der gedanklichen Ebene durch die Häufung sprachlich-rhetorischer Mittel: Parallelismen, Antithesen, Inversionen, Wiederholungen usw. sowie

■ Sprachlich-rhetorische Mittel

25 Brecht (s. Anm. 2), S. 1109.

zahlreiche Satzverknüpfungen durch adversative (einen Gegensatz ausdrückende), konsekutive (folgernde) und kausale (begründende) Konjunktionen. Bereits mit dem ersten Satz: »Stell die Milch auf den Tisch, aber klapp kein Buch zu« (S. 7), wird durch die adversative Konjunktion »aber« der Zusammenhang zwischen der Sinnlichkeit und dem Erkenntnisdrang thematisiert, den der Papst später auflöst, indem er den Zusammenhang sieht: »Er denkt aus Sinnlichkeit« (S. 108). Den zentralen Gegensatz in der Einschätzung von Galileis Widerruf bringt Brecht in der 13. Szene (S. 113 f.) in einer durch Parallelismus und Negation pointierten Kontrastierung zum Ausdruck, indem er zunächst Andrea sagen lässt: »Unglücklich das Land, das keine Helden hat!« Und Galilei antworten lässt: »Nein. Unglücklich das Land, das Helden nötig hat.«

■ Konjunktionale Verknüpfungen

■ Pointierte Kontrastierung

»Das Denken gehört zu den größten Vergnügungen der menschlichen Rasse« (S. 35), argumentiert Galilei gegen Sagredos Zweifel an der Macht der Vernunft. Auch als Dramatiker und Regisseur war Brecht davon überzeugt, dass im episch-dialektischen Theater der scheinbare Gegensatz zwischen »Vergnügen« und »Belehren« aufgelöst werden kann. Vergnügen wird im *Galilei* auf der Handlungs- und Figurenebene durch komische Elemente erzeugt: etwa die Rauferei zwischen dem jungen Großherzog und Andrea, bei der symbolisch das ptolemäische Modell zerbricht (4. Szene); die Ausgelassenheit, mit der Gelehrte und Geistliche das neue Weltbild lächerlich machen wol-

■ Einheit von Vergnügen und Belehren

len, der sehr alte Kardinal aber zusammensinkt, während er »stolz« (S. 62) seine eigene Bedeutung nach dem alten Weltbild hervorhebt (6. Szene), oder wenn Galilei nach seiner dozierenden Selbstanklage zu essen anfängt (14. Szene).

»LEBEN DES GALILEI ist technisch ein großer **Brechts kritische Sicht des Stücks** Rückschritt«, notierte Brecht nach dem Abschluss der 1. Fassung 1939 in seinem Arbeitsjournal.[26] Es entsprach in den dramaturgischen Mitteln zu wenig seinen Vorstellungen vom epischen Theater, vor allem aber konnte es durch die Fokussierung auf die Hauptfigur den Rezipienten dazu verführen, sich in den Konflikt und die Verhaltensweise Galileis einzufühlen. Um dies zu verhindern, verwendete er bereits in **Selbstverurteilung als Kernpunkt der Rezeption** der 1. Fassung die Selbstverurteilung Galileis als »kunstgriff«,[27] damit der Zuschauer den Konflikt Galileis nicht als »Tragödie«[28] rezipiert, sondern dessen Verhaltensweisen insgesamt kritisch reflektiert.

---

26 Bertolt Brecht, *Arbeitsjournal. Erster Band 1938–1942*, hrsg. von Werner Hecht, Frankfurt a. M. 1974, S. 32.
27 Brecht (s. Anm. 26), S. 27.
28 Brecht (s. Anm. 2), S. 1109.

5. Quellen und Kontexte

Brechts Stück kann insofern als Geschichtsdrama aufgefasst werden, als es einen historischen Fall aufgreift, der bereits bei den Zeitgenossen Aufsehen erregte: den Konflikt zwischen dem italienischen Mathematiker und Physiker Galileo Galilei mit der Kirche, in dem er von der Inquisition gezwungen wurde, seine astronomischen Entdeckungen zu widerrufen, mit denen er Beweise für die Richtigkeit des kopernikanischen Weltbilds geliefert hatte. Galilei wurde 1564 in Pisa als Sohn eines verarmten Florentiner Adligen geboren, studierte 1581–85 an der Universität Pisa zunächst Medizin, dann Mathematik und Physik, 1589 erhielt er eine schlecht bezahlte Stelle als Mathematikprofessor zunächst in Pisa, drei Jahre später (1592) in Padua. Bekannt wird er zunächst durch physikalische Entdeckungen (Pendelbewegung, Fallgesetze) und die Konstruktion von technischen Instrumenten wie einem Wasserheber oder einem Proportionalzirkel. 1609 führt er in Venedig ein in Holland erfundenes, aber von ihm wesentlich verbessertes Teleskop vor, mit dem ihm astronomische Beobachtungen gelingen, die das kopernikanische Modell des Kosmos bestätigen können und die er 1610 in der Schrift *Sidereus Nuncius* (»Der Sternenbote«) darlegt. Um nicht mehr lehren zu müssen und mehr Zeit für die Forschung zu haben, geht er im selben Jahr als Hofgelehrter für Mathematik und Philosophie an den Hof von Florenz. Sein Eintreten für das kopernikanische Mo-

■ Historischer Stoff

■ Leben und Werk Galileis

dell ruft Gegner in der Gelehrtenwelt und der Kirche auf den Plan, aber es gelingt ihm zunächst, dass das Forschungsinstitut der Kirche, das Collegium Romanum, 1611 seine Beobachtungen überprüft und bestätigt. 1613 publiziert er eine Schrift über die Sonnenflecken, mit der er ebenfalls für die Richtigkeit des neuen Weltbilds eintritt, damit aber sich dem Vorwurf der Häresie aussetzte, der vor allem durch dominikanische Mönche erhoben wird.

■ **Bestätigung der astronomischen Beobachtungen**

1616 wird die Lehre des Kopernikus auf den Index gesetzt und Galilei vom Kardinal Bellarmin ermahnt, diese Lehre nicht zu vertreten. Nach längerem Schweigen erscheint 1623 seine Kampfschrift *Il saggiatore* (»Die Goldwaage«), in der er sich gegen das Festhalten an Autoritäten beim Erforschen der Natur wendet. Das Buch widmet er dem neuen Papst Urban VIII., der ihn schätzt und von dem er eine liberale Haltung im Diskurs über das neue Weltbild erwartet. Er setzt seine Arbeiten zum Beweis des neuen Weltbilds fort und schreibt den *Dialogo* (*Dialog über die beiden hauptsächlichsten Weltsysteme*), der 1632 mit kirchlicher Erlaubnis in Florenz erscheint, kurz darauf aber von der Kirche verboten wird. Galilei wird trotz seiner schlechten Gesundheit 1633 von der Inquisition 22 Tage in Haft genommen, viermal verhört, unter Androhung der Folter zum Widerruf gezwungen und zu lebenslanger Haft verurteilt. Der Papst wandelt das Urteil in Hausarrest um, den er später in seiner Villa in Arcetri verbringen darf. Der Tod seiner Lieblingstochter Virginia 1634, die 1616 in ein Kloster ging,

■ **Verbot der Lehre des Kopernikus**

■ **Verhör und Widerruf**

erschüttert ihn körperlich und seelisch schwer. Die nicht sehr strenge Überwachung ermöglicht ihm eine ausgedehnte Korrespondenz mit Gelehrten im Ausland und die Weiterarbeit an den *Discorsi* (*Unterredungen und mathematische Demonstration über zwei neue Wissenszweige, die Mechanik und die Fallgesetze betreffend*), in denen er seine Forschungen über die Mechanik und die Fallgesetze darlegt. Sie wurden von einem Freund ins Ausland gebracht und erscheinen 1638 in Holland. Am 8. Januar 1642 stirbt Galilei, erblindet, in seinem Haus. Erst 1835 wurde der *Dialogo* vom Index gestrichen, 1992 wurde Galilei von Papst Johannes Paul II. rehabilitiert.

■ Rehabilitation durch die Kirche

Was faszinierte Brecht an diesem Fall, mit dem er sich seit Anfang der 1930er Jahre beschäftigte, über den er ein Drama in drei Fassungen schrieb und mit dem er sich noch bei den Regiearbeiten für eine Aufführung im Theater am Schiffbauerdamm bis kurz vor seinem Tod auseinandersetzte? Für die großen Prozesse in der Geschichte von Sokrates bis Dreyfus interessierte sich Brecht bereits Anfang der 1930er Jahre, und er hatte die Idee, diese zusammen mit anderen Autoren als »Panoptikumtheater« auf die Bühne zu bringen.[29] Am Tag nach dem Reichstagsbrand in der Nacht vom 27. bis 28. Februar 1933, den die Nationalsozialisten für die Verfolgung von politischen Gegnern instrumentalisierten, verließ Brecht Deutschland und ging nach Dänemark ins Exil. Den Reichs-

■ Interesse an Gerichtsprozessen

29 Brecht (s. Anm. 9), Bd. 5, S. 332.

Abb. 3: Brecht mit Helene Weigel, Herbst 1936 in Kopenhagen. –
© Granger Historical Picture Archive / Alamy Stock Foto

tagsbrandprozess verfolgte er mit großer Spannung, bei dem sich der angeklagte bulgarische Kommunist Georgi Dimitroff rhetorisch glänzend verteidigte und dabei auf die Verurteilung Galileis und dessen angeblichen Ausruf »Und sie bewegt sich doch« zurückgriff. In einem frühen Titel der 1. Fassung von 1938, *Die Erde bewegt sich*, griff auch Brecht diesen Ausruf auf.

Galilei gehörte neben dem englischen Philosophen Francis Bacon (1561–1626) und dem italienischen Dichter und Philosophen Giordano Bruno (1548–

1600) für Brecht zu den Begründern des neuzeitlichen Weltbilds und den Beginn eines wissenschaftlichen Zeitalters. Situationen aus dem Leben Bacons ■ Bacon und
und Brunos, denen auch der Prozess gemacht wurde, Bruno
hat Brecht in den Kalendergeschichten *Das Experi-
ment* und *Der Mantel des Ketzers* dargestellt, die
1938/39 während der Arbeit am *Galilei* entstanden. In
der Spaltung eines Uran-Atoms, die 1938 den deut- ■ Atom-
schen Chemikern Otto Hahn und Fritz Straßmann spaltung
gelang, sah Brecht während der Arbeit an der 1. Fassung eine der »größten Entdeckungen [...], welche die
Glücksgüter der Menschen unermeßlich vermehren
müssen«, und er stellte sie der »Finsternis« im faschistischen Deutschland gegenüber.[30]

Entscheidend für das Interesse am Fall Galilei war
für Brecht seit der Flucht ins Exil die Frage, wie sich
Wissenschaftler und Intellektuelle im Kampf gegen
den Faschismus engagieren können. Bereits 1930 erschien in Brechts *Geschichten vom Herrn Keuner* der
parabelhafte Text *Maßnahmen gegen die Gewalt*, den ■ *Maßnah-*
Brecht nur geringfügig verändert in die 1. Fassung des *men gegen*
Galilei aufnahm. Herr Keuner, der gegen die Gewalt *die Gewalt*
kämpft, begründet sein Verhalten in einer bedrohlichen Situation durch das Erzählen einer Geschichte,
wie man durch eine List überleben kann, um weiter
gegen die Gewalt zu kämpfen. In der 1934/35 entstandenen Schrift *Fünf Schwierigkeiten beim Schreiben
der Wahrheit* zählt Brecht die List zu den notwendi-

30 Brecht (s. Anm. 9), Bd. 5, S. 106.

■ Mit List die Wahrheit verbreiten

gen Fähigkeiten, die Wahrheit auf eine wirksame Weise zu verbreiten.

In der DDR-Forschung hat man hervorgehoben, dass mit Macht und Gewalt die Herrschaft des Faschismus gemeint war, gegen die Wissenschaftler zu wenig Widerstand geleistet hatten. Die westdeutsche Literaturwissenschaft wiederum hat vor allem die Verantwortung der Wissenschaft für die Atombombe in den Blick genommen. Ausgeblendet wurde jedoch, dass kommunistische und marxistische Intellektuelle im Exil durch die Moskauer Schauprozesse 1936–38 mit dem Problem konfrontiert wurden, wie sie sich dem doktrinären und mörderischen Stalinismus gegenüber verhalten sollten. Brecht schwieg öffentlich zu den Morden Stalins an kommunistischen Genossen, doch stellt sich die Frage, ob die Inquisition im Stück nicht mit der stalinistischen ›Inquisition‹ in Moskau in Verbindung steht und ob Brecht mit der Widersprüchlichkeit im Verhalten Galileis und dessen »Verrat« nicht seine eigenen inneren Konflikte in der Auseinandersetzung mit einem dogmatischen Kommunismus zum Ausdruck brachte.

■ Schau-prozesse im Stalinismus

■ Bezug des Stücks zu Konflikten Brechts

In seiner dramatischen Darstellung des Falls Galilei stützte sich Brecht auf das Studium wissenschaftlicher Literatur, in der auf der Grundlage der Quellen der Fall untersucht wurde, vor allem auf Emil Wohlwills *Galilei und sein Kampf für die copernicanische Lehre* (Bd. 1, 1909; Bd. 2, 1926) und Leonardo Olschkis *Galilei und seine Zeit* (1927). Er informierte sich in zeitgenössischen Sachbüchern über physikalische

■ Intensives Quellen-studium

und astronomische Probleme, studierte Galileis *Discorsi* und schrieb nach intensiven Vorarbeiten die 1. (dänische) Fassung in drei Wochen im November 1938 im Exil in seinem Haus in der Nähe von Svendborg auf der dänischen Insel Fügen. Obwohl Bauweise und Stilmittel nicht seinen Vorstellungen eines experimentellen Theaters entsprachen, hielt er in den weiteren beiden Fassungen, der amerikanischen von 1947 und der Berliner von 1955/56, im Wesentlichen an der Struktur und dramatischen Technik der Erstfassung fest.

■ Dänische Fassung

Brecht war sich in der Exilsituation der »Schwierigkeiten beim Schreiben der Wahrheit« auch bei der dänischen Fassung bewusst. In einem Interview nannte er den *Galilei* Anfang 1939 eine »streng historische Arbeit«[31] und vertuschte damit in der Lage als Exilant die Bezüge zur Gegenwart. Kernpunkt der Arbeit Brechts an den drei Fassungen ist dabei der unterschiedliche zeitgeschichtliche Bezug und die sich wandelnde Beurteilung der Verhaltensweise Galileis, von der positiven Einschätzung seines Kampfs für die Wahrheit hin zu seiner rigorosen moralischen Verurteilung als Verbrecher.

■ Veränderung zeitgeschichtlicher Bezüge

Brecht konfrontiert den Leser bereits in der 1. dänischen Fassung mit der Dialektik der Widersprüche: Galilei hat als Wissenschaftler zum Fortschritt der Erkenntnis beigetragen und andererseits dem Kampf um die Vernunft durch seinen Widerruf Schaden zu-

■ Ambivalente Beurteilung Galileis

31 Brecht (s. Anm. 9), Bd. 5, S. 337.

gefügt. Brecht bürdet seinem Galilei zwar die Schuld auf, dass er es »versäumt« habe, »für die Vernunft einzutreten«, aber er entschuldigt ihn zugleich mit dem Argument, dass die Vernunft »ein einzelner Mann [...] weder zur Geltung noch in Verruf bringen kann«.[32] Die Uraufführung dieser Fassung 1943 in Zürich zeigte einen Galilei, der durch die Macht gebeugt ist, aber dennoch Sieger bleibt.

Erst ab 1944 im kalifornischen Exil beschäftigte sich Brecht wieder mit dem Stück, als er Chancen für eine Aufführung an amerikanischen Bühnen sah. Weil die 1. Fassung den Eindruck erwecken konnte, Brecht habe damit den Opportunismus gerechtfertigt, »prüfte« er »die moral noch einmal nach«, und sah nun den Widerruf als sozialen Verrat: Galilei »gab den eigentlichen fortschritt preis, als er widerrief, er ließ das volk im stich, die astronomie wurde wieder ein fach, domäne der gelehrten, unpolitisch, isoliert«.[33] Schon vor dem Abwurf der Atombomben auf Hiroshima und Nagasaki sah Brecht, wohl auch durch die Enttäuschung über das Verhalten von Wissenschaftlern im Dritten Reich, den Fall Galilei im Kontext der Entwicklung der neuzeitlichen Naturwissenschaft, die durch die fehlende soziale Verantwortung für Machtinteressen instrumentalisiert werden konnte.

Ab Dezember 1944 arbeitete Brecht mit dem Schauspieler Charles Laughton an einer Version des

■ Überprüfung der »Moral« im amerikanischen Exil

---

32 Brecht (s. Anm. 9), Bd. 5, S. 106.
33 Bertolt Brecht, *Arbeitsjournal. Zweiter Band 1942–1955*, hrsg. von Werner Hecht, Frankfurt a. M. 1974, S. 411.

Stücks in englischer Sprache für eine Aufführung an amerikanischen Bühnen, die deutlich kürzer als die dänische Fassung war und in der vor allem die individuelle Verantwortung des Wissenschaftlers für die politisch-gesellschaftlichen Folgen der Erkenntnisse thematisiert werden sollten. Die Nachricht vom Abwurf der Atombomben im August 1945 verschärfte Brechts Sichtweise des Widerrufs weiter: »Der infernalische Effekt der Großen Bombe stellte den Konflikt des Galilei mit der Obrigkeit seiner Zeit in ein neues, schärferes Licht«, schrieb er in den Anmerkungen zur amerikanischen Fassung.[34]

■ Zusammenarbeit mit Charles Laughton

Der Widerruf wurde nun modellhaft zur »›Erbsünde‹ der modernen Naturwissenschaft«: »Die Atombombe ist sowohl als technisches als auch soziales Phänomen das klassische Endprodukt seiner wissenschaftlichen Leistung und seines sozialen Versagens.«[35] Neben vielen inhaltlichen und dramaturgischen Veränderungen sollte diese Sichtweise vor allem durch eine Neugestaltung der Selbstverurteilung Galileis deutlich werden, der sich nun anklagt, dass er die sozialrevolutionäre Funktion seiner Entdeckung nicht genützt und damit wissenschaftliche Erkenntnis den jeweiligen Machthabern überlassen habe.[36]

■ Verschärfung der Sicht durch den Abwurf der Atombomben

Die amerikanische Fassung wurde am 30. Juli in Beverly Hills und am 7. Dezember 1947 in New York auf-

34 Brecht (s. Anm. 2), S. 1106.
35 Brecht (s. Anm. 2), S. 1109.
36 Abdruck der amerikanischen Fassung in: Brecht (s. Anm. 9), Bd. 5, S. 117–181.

Vor dem
US-Unter-
suchungs-
ausschuss

geführt. Am 31. Oktober 1947 verließ Brecht über-
stürzt die USA, nachdem er vor einem Untersu-
chungsausschuss über »Unamerican Activities« zu
seinen Beziehungen zum Kommunismus befragt
worden war. Er gab an, dass er als »Stückeschreiber«
die Theorie des Marxismus studiert habe, aber kein
Mitglied irgendeiner kommunistischen Partei sei. In
der Verhörsituation erlebte Brecht hautnah den Anti-
kommunismus in der Nachkriegszeit. Der politisch-
ideologische Ost-West-Konflikt drohte nach dem
Atomwaffentest der Sowjetunion 1949 und der Entwicklung einer Wasserstoffbombe in den USA die

Gefahr
eines Atom-
kriegs

Gefahr eines Atomkriegs heraufzubeschwören. Brecht
beteiligte sich neben anderen Künstlern und Wissenschaftlern am Protest gegen die Verurteilung von
Ethel und Julius Rosenberg, denen in den USA Atom-
spionage für die Sowjetunion vorgeworfen wurde
und die 1953 hingerichtet wurden. Aufsehen in der
Weltöffentlichkeit erregte auch der Prozess gegen den

Fall Oppen-
heimer

Physiker Robert J. Oppenheimer 1954, dem man vor-
warf, aus politischen Motiven den Bau der Wasserstoffbombe nicht zu unterstützen.

In der Schweiz unternahm Brecht Ende 1947 die
Rückübersetzung der amerikanischen Fassung und
baute in veränderter Form wieder Szenen der dänischen Fassung ein. Nach seiner Rückkehr nach Ost-
berlin gründete Brecht 1949 das Berliner Ensemble,
mit dem er eine neue Fassung des Stücks auf die Bühne bringen wollte, die in Zusammenarbeit mit seinen
Mitarbeitern entstand. Erst im Dezember 1955 be-

Abb. 4: Ernst Busch als Galileo Galilei (Mitte) in der Aufführung des Berliner Ensembles, Theater am Schiffbauerdamm, Berlin 1957. – © Bildarchiv Pisarek / akg-images

gann Brecht mit Bühnenproben, die er aus gesundheitlichen Gründen dann nicht mehr zu Ende führen konnte. Die Erstaufführung der neuen Fassung erfolgte am 16. April 1955 an den Kölner Kammerspielen, die Aufführung des Berliner Ensembles am 15. Januar 1957 unter der Regie von Erich Engel mit Ernst Busch in der Titelrolle.

Unter dem Eindruck der Bereitschaft von Atomwissenschaftlern, durch ihre Arbeit ein nukleares Wettrüsten zu ermöglichen, und der atomaren Bedrohung verschärfte Brecht in der Berliner Fassung noch einmal die »mörderische« (S. 126) Selbstverurteilung Galileis. Im Unterschied zur amerikanischen

■ Bühnenproben mit dem Berliner Ensemble

77

Fassung sieht sich Galilei nun dafür verantwortlich, dass die Naturwissenschaftler nicht »etwas wie den hippokratischen Eid der Ärzte entwickel[t]« haben, »das Gelöbnis, ihr Wissen einzig zum Wohle der Menschheit anzuwenden« (S. 126). Galilei wird damit zum Propheten der aktuellen Situation der Atomphysiker: »ein Geschlecht erfinderischer Zwerge, die für alles gemietet werden können« (S. 126).

Auf dem »Darmstädter Gespräch« über das Theater 1955 hatte Friedrich Dürrenmatt die Frage nach der Darstellbarkeit der heutigen Welt mit den Mitteln des Theaters gestellt. Brecht, der nicht teilnahm, ließ einen Diskussionsbeitrag verlesen. Darin verdeutlichte er seine Position, dass eine Darstellung nur möglich sei auf der Grundlage einer Analyse der Gesellschaft: »Die heutige Welt ist den heutigen Menschen nur beschreibbar, wenn sie als eine veränderbare Welt beschrieben wird.« Die »Frage der Beschreibbarkeit der Welt« ist für ihn nicht nur eine literarisch-ästhetische, sondern eine »gesellschaftliche«.[37]

■ Hippokratischer Eid

■ Erkenntnis der Gesellschaft

■ Darstellbarkeit der Welt

37 Bertolt Brecht, *Kann die heutige Welt durch Theater wiedergegeben werden?*, in: Brecht (s. Anm. 2), Bd. 16, S. 929 f.

6. Interpretationsansätze

Held oder Verbrecher

Brecht, der sich zur Entstehung und zur Arbeit an den drei Fassungen in seinem *Arbeitsjournal*, in *Anmerkungen zu Stücken* (1956) und in *Aufbau einer Rolle. Galilei* (1956) immer wieder geäußert hat, gab damit bereits wesentliche Interpretationsansätze vor, die auch in der Rezeption auf dem Theater, in der Literaturwissenschaft und in der Behandlung im Literaturunterricht eine wichtige Rolle gespielt haben. Im Zentrum stand dabei Brechts Sichtweise der Figur und seine Auffassung von der Verantwortung der Wissenschaft. Für die DDR-Literaturwissenschaft war Galilei, dem Brecht seine eigenen (marxistischen) Einsichten in den Mund gelegt habe, ein »Vorläufer des wissenschaftlichen Sozialismus«, der aber das verändernde Potential der bürgerlichen Klasse nicht erkannt habe. Unter dem Einfluss der »werkimmanenten« Methode der Interpretation verschob sich der Blick in bundesrepublikanischen Untersuchungen vom »Marxismus« Brechts auf die Struktur des Textes und die Zusammenhänge mit seiner Theorie des epischen Theaters.

■ Brechts Steuerung der Rezeption

■ Brechts »Marxismus«

■ Blick auf ästhetische Strukturen

Galilei sieht in der 14. Szene sein soziales Versagen darin, dass er das Volk verraten hat, weil er die Chance einer Veränderung der Gesellschaft nicht genutzt hat: »In meiner Zeit erreichte die Astronomie die Marktplätze. Unter diesen ganz besonderen Umständen hätte die Standhaftigkeit eines Mannes große Erschütterungen hervorrufen können.« (S. 126) Die rhetorisch wortmächtige Selbstverurteilung wollte Brecht bei den Proben zur Aufführung am Berliner Ensemble noch dadurch unterstreichen, dass Galilei »als völliger Lump gezeigt werden« sollte, der sich mit diesem Widerruf trotz Hausarrest und Überwachung die Befriedigung seiner sinnlichen Bedürfnisse erkauft.[38]

■ Galilei als »Lump«

Für Brecht ist die Entwicklung des Protagonisten vom »Helden der nächsten fünfhundert Jahre« zum »Verbrecher« nicht eine individuelle »Schuld« im Sinne der klassischen Tragödien, sondern »schuld ist die Gesellschaft, die die Produktion zum Verbrechen macht«.[39] Hinter der Selbstverurteilung Galileis wird damit auch eine Kritik an der – für Brecht kapitalistischen – Gesellschaft sichtbar, welche die Individuen mit Gewalt zur Entscheidung zwischen heldenhaftem Widerstand oder Anpassung zwingt: »Angesichts einer solchen Lage kann man kaum darauf erpicht sein, Galilei entweder nur zu loben oder nur zu verdammen.«[40]

■ Schuld der Gesellschaft

Trotz dieser dialektischen Sichtweise von Galileis Versagen werfen sowohl das Stück in der 3. Fassung als auch Brechts Kommentare Fragen auf, die in den

---

38 Käthe Rülicke, »Bemerkungen zur Schlußszene«, in: *Materialien zu Brechts »Leben des Galilei«*, hrsg. von Werner Hecht, Frankfurt a. M. [8]1972, S. 120.
39 Brecht, »Aufbau einer Rolle / Laughtons Galilei« (s. Anm. 12), S. 123.
40 Brecht (s. Anm. 2), S. 1109.

wissenschaftlichen Interpretationen und in didaktischen Analysen teilweise unterschiedlich beantwortet wurden. Konsens besteht darüber, dass es Brecht nicht um ein kritisches Bild des historischen Galilei ging, sondern um die Konstruktion einer modellhaften Figur, an der aktuelle Konflikte zwischen wissenschaftlichem Fortschritt und gesellschaftlichen Verhältnissen dargestellt werden konnten. Brecht nannte ein Verfahren, bei dem Probleme der Gegenwart anhand von zeitlich zurückliegenden Strukturen und Verhaltensweisen bewusst gemacht werden sollten, »Historisieren«. Dadurch konnten »Vorgänge und Personen als historisch, also als vergänglich« dargestellt werden.[41]

■ Galilei als Modellfigur

Vergänglich und damit veränderbar ist nicht nur die dargestellte Geschichte, sondern mit Blick auf die Zukunft auch die Gegenwart. Thematisiert werden im historischen Gewand von Galileis Widerruf der mangelnde Widerstand und die Instrumentalisierung von Wissenschaftlern, in der 1. Fassung in der Zeit des Nationalsozialismus, in der 2. und 3. Fassung bei der Entwicklung von Waffenpotentialen, welche die Existenz der Menschheit gefährden.

■ Verfremdung durch Historisieren

Zu fragen ist allerdings, ob Galilei durch seinen Widerruf die Instrumentalisierung von wissenschaftlichen Erkenntnissen bis hin zum Bau von Atomwaffen hätte verhindern können. Diese Interpretation schätzt die Handlungsmöglichkeiten von Individuen wohl

■ Kritik an der Mythisierung Galileis

41 Bertolt Brecht, *Über experimentelles Theater*, in: Brecht (s. Anm. 2), Bd. 15, S. 302.

wenig realistisch ein, denn weder zu Galileis Lebzeiten noch später »hatte die Wissenschaft die reale Möglichkeit, ihre Ergebnisse der Verwertung oder Beurteilung durch die Macht zu entziehen«.[42] Problematisch ist auch die Forderung nach dem heroischen Widerstand einer »opferwilligen Erlöserfigur«: »Das ist nicht mehr materialistische Dialektik, sondern säkularisierte Religion und barockes Welttheater im Spiel.«[43]

Da Brecht Szenen und Figurenkonstellation der 1. Fassung, in der es nicht um die Verantwortung der Wissenschaft, sondern um die Rolle der Intellektuellen beim Kampf für die Wahrheit unter Machtverhältnissen ging, nicht entscheidend verändert hat, wirkt die Selbstverurteilung Galileis dramaturgisch nicht überzeugend motiviert. »Das Schauspiel rechtfertigt seinen Helden dreizehn Szenen lang und unterwirft ihn in der vierzehnten der schärfsten Selbstanklage«, schrieb eine Literaturkritikerin in ihrer Rezension einer Aufführung von 1997 am Berliner Ensemble.[44]

Fehlende dramaturgische Motivierung

---

42 Klaus Völker, *Brecht-Kommentar zum dramatischen Werk*, München 1983, S. 190.
43 Gert Sautermeister, »*Leben des Galilei*. Zweifelskunst, abgebrochene Dialektik, blinde Stellen«, in: *Interpretationen. Brechts Dramen*, hrsg. von Walter Hinderer, Stuttgart 1995, S. 51–92, hier S. 72.
44 Siegrid Löffler, »Ein Mann allein. Sepp Bierbichler spielt Brechts *Leben des Galilei* in Berlin«, in: *Die Zeit*, Nr. 52, 19. Dezember 1997.

Wissenschaft und Gesellschaft

Dem marxistischen Denken entsprechend sieht Brecht die wissenschaftliche Tätigkeit als Produktivkraft, die bedingt ist durch die »Produktionsverhältnisse«, d. h. die ökonomischen und politischen Bedingungen ihrer Arbeitsweise. Diese Bedingungen werden bereits in der 1. Szene deutlich, wenn Galilei seine Milchrechnung nicht bezahlen kann und Privatunterricht geben muss, um seine schlechte Bezahlung aufzubessern. Das Spannungsfeld zwischen einer scheinbaren »Freiheit der Forschung« (S. 17) und der ökonomischen Abhängigkeit zeigt sich in der Auseinandersetzung mit dem Kurator der Republik Venedig, der eine Gehaltserhöhung abhängig macht von der Erfindung nützlicher Maschinen und Instrumente: »Skudi wert ist nur, was Skudi bringt.« (S. 18) Die Republik Venedig garantiert zwar, dass die Gedankenfreiheit nicht durch die Inquisition eingeschränkt wird, aber schränkt durch schlechte Bezahlung die Zeit für eine Forschung ein, die keine für den Handel und das Gewerbe nützlichen Ergebnisse bringt. Am deutlichsten werden diese Widersprüche an Galileis Verbesserung des Teleskops, das für den Kurator und die Ratsherren nur einen Wert als Handelsware und militärisch einsetzbares Instrument hat, nicht aber als neue Möglichkeit, durch genauere Beobachtungen zu astronomischen Erkenntnissen zu gelangen.

■ Freiheit der Forschung, schlechte Bezahlung

Für die Kirche ist wissenschaftliche Forschung, die sie selbst am Collegium Romanum betreibt, nur frei, solange durch ihre Erkenntnisse nicht das theologisch untermauerte Weltbild in Frage gestellt wird. In den Positionen und Verhaltensweisen des neuen Papstes, der selbst Wissenschaftler ist, ja selbst des Kardinal Inquisitors wird deutlich, dass es aber Brecht nicht um einen grundsätzlichen Gegensatz zwischen Kirche und Wissenschaft geht. Als »geistliche Obrigkeit« sei die Kirche auch »letzte wissenschaftliche Instanz«, bemerkte Brecht in seinen Anmerkungen zur dänischen Fassung,[45] und als solche prüft das Collegium Romanum im Gegensatz zu den florentinischen Hofgelehrten tatsächlich die Beobachtungen Galileis. Der neue Papst will zunächst ein Verhör Galileis durch die Inquisition verhindern, da er keinen aufsehenerregenden Konflikt mit dem Schlachtruf »Hie Kirche! und Hie Vernunft!« (S. 108) möchte. Der Kardinal Inquisitor erkennt aber, dass die Gefahr der wissenschaftlichen Beobachtungen nicht in den Beschreibungen von Planetenbahnen liegt, sondern in dem »Geist der Auflehnung und des Zweifels« (S. 105), durch den nicht nur das geozentrische Weltbild, sondern die politische und soziale Ordnung in Frage gestellt wird.

■ Kirche als wissenschaftliche Instanz

Für Brecht ist die Kirche »als weltliche Obrigkeit« aber zugleich »letzte politische Instanz«,[46] und als solche kontrolliert sie durch den Machtapparat der Inquisition mit ihren Spitzeln (7. und 11. Szene) die Produktion von Wissen, überwacht die Verbreitung, verbie-

■ Kirche als politische Instanz

45 Brecht (s. Anm. 2), S. 1110.
46 Brecht (s. Anm. 2), S. 1110.

tet die Veröffentlichung und zwingt Wissenschaftler
mit der Folter zum Widerruf oder verbrennt sie, wie
Giordano Bruno, auf dem Scheiterhaufen. Sie sichert
damit nicht nur ihre wissenschaftliche Autorität, sondern auch die Feudalherrschaft der adligen Gutsbesitzer, deren Herrschaft von den abhängigen Bauern als
gottgegeben akzeptiert wird. Indem Brecht die Kirche
als »Obrigkeit« darstellt, kann er modellhaft auf die
»heutigen reaktionären Obrigkeiten ganz und gar un-
kirchlicher Art« aufmerksam machen.[47] Dachte Brecht
bei diesen Obrigkeiten in der dänischen Fassung an
die Verfolgung von Intellektuellen und Wissenschaftlern durch das Naziregime, so richtete sich sein Blick
nach dem Bau und Abwurf der Atombombe auf die
»Militärs und Politiker« in den USA, welche die »Freiheit der Forschung, das Austauschen der Entdeckungen« durch Geheimhaltung blockierten.[48]

■ Kirche als Modell heutiger Obrigkeiten

Brecht sah in der Kontrolle und Instrumentalisierung der Atomphysiker die Folge eines Entwick-
lungsprozesses im Verhältnis von Wissenschaft und
Gesellschaft, der für ihn in der frühen Neuzeit be-
gann und an dem Galilei maßgeblich beteiligt war:
»Die Bourgeoisie isoliert im Bewußtsein des Wissenschaftlers die Wissenschaft, stellt sie als autarke Insel
hin, um sie praktisch mit *ihrer* Politik, *ihrer* Wirtschaft, *ihrer* Ideologie verflechten zu können. Das Ziel
des Forschers ist die ›reine‹ Forschung, das Produkt
der Forschung ist weniger rein. [...] Die Wissen-

■ Instrumentalisierung der »reinen« Forschung

47 Brecht (s. Anm. 2), S. 1112.
48 Brecht (s. Anm. 2), S. 1107 f.

schaftler nehmen für sich in Anspruch die Unverantwortlichkeit der Maschinen.«[49] Dieser Ideologie der »reine[n]« Forschung, wie sie in der 14. Szene Andrea vertritt, stellt Brecht in der Selbstverurteilung Galileis eine Wissenschaft gegenüber, die nicht den Interessen einzelner sozialer Gruppen oder »Obrigkeiten«, sondern dem »Wohle der Menschheit« (S. 126) dient.

■ Volksverbundene Wissenschaft

■ Übereinstimmung mit der SED-Doktrin

Diese Forderung Galileis drückt Brechts eigene »Vorstellung einer volksverbundenen Wissenschaft« aus,[50] die für den Autor nur in einer sozialistischen Gesellschaft realisierbar war, in der die Klassengegensätze aufgehoben sind. Brecht sah in Übereinstimmung mit der SED-Doktrin die Ursachen für die Bedrohung der Menschheit durch das atomare Wettrüsten allein im »imperialistischen« Machtstreben der kapitalistischen Staaten, während er die ideologische Instrumentalisierung, Überwachung oder auch Bedrohung von Intellektuellen und Wissenschaftlern durch die kommunistischen »Obrigkeiten« im Stalinismus und in der DDR verschwieg.

■ Darstellung einer Klassengesellschaft

Die marxistische Geschichtsauffassung von der Klassengesellschaft spiegelt sich in der Figurenkonstellation, in der die durch Ludovico repräsentierte Feudalaristokratie und die aufstrebende »Bourgeoisie« der Kaufleute und Gewerbetreibenden, vor allem repräsentiert durch den Eisengießer Vanni, im Widerspruch stehen. Die »Geschäftskreise[]« (S. 101) brauchen die Freiheit der Wissenschaft im Kampf um

49 Brecht (s. Anm. 2), S. 1112.
50 Brecht (s. Anm. 2), S. 1106.

den ökonomischen und technischen Fortschritt, sind aber keineswegs an einer Aufklärung der unteren Schichten durch die revolutionäre Sprengkraft des neuen Weltbilds interessiert. Diese Sprengkraft wird zwar in der Karnevalsszene für eine satirische Aufklärung genutzt, aber Galilei ist sich bewusst, dass die unteren Schichten sie nicht für einen Umsturz der gesellschaftlichen Ordnung nützen können, weil »der Großteil der Bevölkerung [...] in einem perlmutternen Dunst von Aberglauben und alten Wörtern gehalten« (S. 124) wird. Brechts utopische Lösung des Konflikts zwischen Wissenschaft und Obrigkeit, die er Galilei in den Mund legt, wird also nicht aus der Perspektive des Volkes entwickelt.

■ Volk ist keine revolutionäre Klasse

Auch wenn Galilei zur Aufklärung beiträgt, indem er in der Sprache des Volkes schreibt, so kann man sein »soziales Versagen« darin sehen, dass er den Kampf der »Geschäftskreise[]« (S. 101) nicht unterstützt und sich sogar von den »Pamphlete[n] gegen die Bibel« (S. 100) distanziert. Brecht konstruiert daraus eine wissenschaftsgeschichtliche Entwicklung, die von diesem persönlichen Versagen Galileis direkt zum Bau der Atombombe geführt habe. »Wenn Brecht«, schrieb der Schriftsteller Peter Hacks, »den Galilei zu einer solchen Auslöser-Persönlichkeit hochmogelt, dann verkündet er keine geringere Absurdität, als daß das moralische Bewußtsein des Herrn Galilei das Sein der Welt bestimmt habe.«[51]

■ Undialektische Sichtweise von Galileis Verantwortung

51 Peter Hacks, »Literatur im Zeitalter der Wissenschaften«, in: P. H., *Das Poetische*, Frankfurt a. M. 1972, S. 21.

Brecht verkehrt damit eine Grundthese der marxistischen Geschichtsauffassung in ihr Gegenteil, dass nämlich das gesellschaftliche Sein, d. h. die konkreten Produktions- und Herrschaftsverhältnisse, das Bewusstsein der Einzelnen bestimmt.

Wissenschaft und Weltbild

Die epochale Wende im Welt- und Menschenbild, die mit der Bestätigung des kopernikanischen Systems durch neue Methoden der Beobachtung und des Experiments verbunden war, nimmt in allen drei Fassungen thematisch und in der Motivverknüpfung den größten Raum ein. Dennoch scheint sie, im Unterschied zur Problematik der Verantwortung der Wissenschaften, auf den ersten Blick weniger aktuelle Relevanz zu haben: Mit Galilei stellt sich der Leser selbstverständlich auf die Seite des Erkenntnisfortschritts durch die »Vernunft« (S. 34), mit deren Hilfe die systemerhaltende Funktion des alten Weltbilds durchschaut werden kann.

■ Wende des Welt- und Menschenbildes

Anders als Galilei, der nur auf die Wahrnehmung der Bewegungen der Gestirne als Beweis des kopernikanischen Systems fixiert ist, erkennt Sagredo die Auswirkung der neuen Sichtweise auf das christliche Weltbild. Seiner angstvollen Frage: »Und wo ist dann Gott?« (S. 33), weicht Galilei zunächst aus, indem er erklärt, er sei Mathematiker und nicht Theologe. Als ihm Sagredo aber bewusst macht, dass er sich diese Frage nicht als Wissenschaftler, sondern als Mensch

■ Theologische Brisanz des neuen Weltbilds

Abb. 5: »Ein Missionar des Mittelalters berichtet, er habe
den Punkt gefunden, wo Himmel und Erde sich berühren«.
Der Holzstich eines anonymen Künstlers (15.–17. Jh.) wurde
erstmals von dem französischen Astronomen Camille
Flammarion als Illustration in seinem *L'Atmosphère. Météoro-
logie Populaire*, Paris 1888, veröffentlicht. – © Wikimedia
Commons

stellen muss, gibt er eine Antwort, die der Auffassung
Giordano Brunos entspricht, der als Ketzer verbrannt
wurde: »In uns oder nirgends!« (S. 33) Wenn die Erde
nur ein Gestirn in einem riesigen Weltall ist, ist nicht
nur der »Himmel abgeschafft« (S. 28), auch Gott wird
von einem personalen Wesen zu einer Kraft, die in
der ganzen Schöpfung und im Menschen selbst ruht.

Für Sigmund Freud war die »kopernikanische Wende« (Hans Blumenberg) eine »kosmologische Kränkung« der »menschlichen Eigenliebe«, des Bewusstseins, im Mittelpunkt der Welt zu stehen und sich als »Herr dieser Welt« zu fühlen.[52] Diese Kränkung wird in dem erregt vorgetragenen Weltbild des sehr alten Kardinals deutlich, der sich als Geschöpf »im Mittelpunkt« (S. 62) sieht. Um ihn kreisen die Gestirne und die Sonne beleuchtet ihn, damit er von Gott gesehen werden kann. Gestisch unterstützt Brecht das Aufbegehren gegen die Kränkung durch die Regieanweisung »beginnt stolz auf und ab zu schreiten« (S. 62). Das aber übersteigt die physischen Kräfte des Kardinals, so dass er im Kontrast dazu mitten in der Rede zusammensinkt.

■ Kränkung des menschlichen Selbstbilds

Anders als der sehr alte Kardinal sehen der spätere Papst und der Kardinal Inquisitor die Folgen der kopernikanischen Wende weniger als Umsturz des Welt- und Menschenbildes, sondern als Bedrohung der Machtstellung der Kirche. Diese stellt »die Erde in den Mittelpunkt des Universums«, damit »der Stuhl Petri im Mittelpunkt der Erde stehen kann« (S. 77). Den Kardinälen Bellarmin und Barberini, dem späteren Papst, geht es im Gespräch mit Galilei in der 7. Szene nicht um die »Wahrheit« (S. 68) der neuen astronomischen Entdeckungen, sondern um die Verhinderung der Ausbreitung einer Lehre, die

■ Gefährdung der Machtstellung der Kirche

52 Sigmund Freud, *Eine Schwierigkeit der Psychoanalyse* [1917], zitiert nach: Hans Blumenberg, *Die kopernikanische Wende*, Frankfurt a. M. 1965, S. 159.

sich auf eine »Vernunft« (S. 68) stützt, welche die bisherige kirchliche und gesellschaftliche Ordnung in Frage stellt. Strategisch geschickt trennt der Kardinal Inquisitor im Gespräch mit dem Papst (12. Szene) zwischen einer Verdammung der Lehre und der Nutzung der Sternkarten, die auf der neuen Lehre beruhen.

Als inneren Konflikt zwischen Wissen und Glauben erlebt die kopernikanische Wende nur der kleine Mönch, für den das religiöse Weltbild eine Sinngebung des »Elend[s]« (S. 76) der unteren Schichten darstellt. Auch der Kardinal Bellarmin sieht im Gespräch mit Galilei die Funktion des religiösen Weltbilds darin, in eine Welt »etwas Sinn zu bringen«, indem die »Verantwortung« für die ungerechte politische und soziale Ordnung »einem höheren Wesen zugeschoben« (S. 68) wird. Der kleine Mönch sieht in dieser Ordnung ein »Welttheater«, in dem »die Agierenden, in ihren großen und kleinen Rollen sich bewähren können« (S. 76). Diese Bewährung verliert ihren Sinn, wenn die Erde nicht mehr der Mittelpunkt des Weltalls ist und in den riesigen Entfernungen »[s]elbst ein Papst [...] vom Allmächtigen da aus den Augen verloren werden« (S. 72 f.) könnte, wie der Inquisitor Galileis Tochter ironisch erläutert.

Konflikt zwischen Wissen und Glauben

Rechtfertigt der kleine Mönch das Verbot mit dem Blick auf das Elend, so verweist der Inquisitor in seiner Argumentation gegenüber dem Papst auf die Hybris des Erkenntnisstrebens, das den Glauben an Gott und die Schöpfungsordnung untergräbt: »Mit den

Erkenntnisstreben als Hybris

Maschinen wollen sie Wunder tun. Was für welche? Gott brauchen sie jedenfalls nicht mehr« (S. 106 f.).

Das religiöse Weltbild ist eine Schranke, die den Menschen vor der Hybris seines Erkenntnisstrebens bewahrt. Die Weigerung der Hofgelehrten, durch das Fernrohr zu schauen, ist deshalb nicht so borniert, wie Andrea glaubt und wie dies auch auf den Leser zunächst wirkt: Die Natur war dem Menschen durch die Ausstattung seiner Sinne zugänglich, was sich der Wahrnehmung entzog, war eine Sphäre, die durch die Bildwelten des Glaubens Gestalt gewann. Zu diesen Bildwelten gehört auch die »Ordnung und Schönheit« des geozentrischen Modells, dessen Ästhetik und Harmonie nicht durch »unnötige[]« (S. 46) Jupitertrabanten gestört werden soll. Mit der Weigerung, die Sichtbarkeit der Welt durch ein neues Instrument zu erweitern, ziehen die Hofgelehrten eine Schranke für das Erkenntnisstreben, das die sinnlich anschaulichen Bildwelten des Glaubens bedroht.

■ Sichtbarkeit der Welt und Schöpfung

Warum sollen die Hofgelehrten beim Blick durch das Fernrohr auch ihren Augen trauen, wenn Galilei gleichzeitig behauptet, den Augen sei nicht zu trauen? Das Fernrohr erweitert zwar die Grenze des für das normale Auge Sichtbaren, aber das kopernikanische System selbst ist nur als Theorie, als Modellvorstellung den Sinnen zugänglich. Mit dem Erkenntnismedium des Fernrohrs beginnt eine Entwicklung, die im 20. Jahrhundert vor allem in der Relativitätstheorie Einsteins die Anschaulichkeit der Wirklichkeit zunehmend durch ihre Beschreibung in mathematischer

■ Anschaulichkeit versus Theorie

■ Wahrheit als Konstrukt des Erkennens

Formelsprache ersetzt. Der Fokus im Drama liegt allerdings nicht auf dieser Entwicklungslinie, die von der ästhetischen Anschaulichkeit des tradierten Weltbilds zur Abstraktion der physikalisch-mathematischen Formeln führt, sondern auf der Instrumentalisierung von Wissenschaftlern und Forschungsergebnissen, die in der Atombombe zur Entstehungszeit der amerikanischen Fassung einen bedrohlichen Höhepunkt erreicht.

7. Autor und Zeit

1898   10. Februar: Bertolt Brecht wird in Augsburg als Sohn eines kaufmännischen Angestellten geboren; er wächst in gutbürgerlichen Verhältnissen auf.

1917   Brecht beginnt nach dem Abitur ein Studium der Medizin und Philosophie in München, interessiert sich jedoch mehr für das literarisch-kulturelle Leben in der Stadt.

1918/19   Ende des Ersten Weltkriegs, Novemberrevolution und Beginn der Weimarer Republik; Brecht beginnt mit Gedichten, dem Stück *Baal* und Theaterkritiken eine Schriftstellerexistenz.

1919   Brechts Jugendliebe Paula Banholzer bringt den gemeinsamen Sohn Frank zur Welt.

1921   Neben Paula Banholzer hat Brecht eine Liebesbeziehung mit der Opernsängerin Marianne Zoff in München.

1922   September: Die Uraufführung des Kriegsheimkehrerstücks *Trommeln in der Nacht* an den Münchner Kammerspielen führt zu einem ersten großen Erfolg. – Oktober: Brecht nimmt eine Stelle als Dramaturg an den Münchner Kammerspielen an und schreibt lyrische, epische und dramatische Texte, in denen er die Probleme der geistigen, wirtschaftlichen und gesellschaftlichen Situation in den krisengeschüttelten Jahren nach der Katastrophe des Ersten Weltkriegs provokativ aufgreift. – November: Heirat mit Marianne Zoff.

1924   Brecht geht mit der Schauspielerin Helene

Weigel, die ein Kind von ihm erwartet, nach Berlin, wo er als Dramaturg am Deutschen Theater von Max Reinhard arbeitet. Er knüpft Kontakte zu wichtigen Personen des literarischen Lebens und entwickelt bei der Produktion seiner eigenen Werke eine kollektive Arbeitsweise, bei der vor allem Mitarbeiterinnen wie Elisabeth Hauptmann, Margarete Steffin und später Ruth Berlau eine wichtige Rolle spielen, die zugleich seine Geliebten werden und ihn später zum Teil ins Exil begleiten.

1926   Uraufführung des Stücks *Mann ist Mann*, das die Austauschbarkeit der Individualität unter dem Druck der Verhältnisse thematisiert; Brecht verwendet neben der locker gefügten Szenenfolge bereits Stilmittel, die er später als »Verfremdungseffekte« seines epischen Theaters einsetzt.

1927   Brecht veröffentlicht seine schon seit der Schulzeit entstandenen Gedichte in der Sammlung *Bertolt Brechts Hauspostille*. In seinen Gedichten, die »Gebrauchswert« haben sollten, mischte er Elemente der Parodie, der Satire und des Sarkasmus und griff dabei auf eher erzählende Genres wie den Bänkelsang oder den Stil von Kabarettsongs zurück.

1928   August: Uraufführung der *Dreigroschenoper* (Musik von Kurt Weill) in Berlin im Theater am Schiffbauerdamm; einige der Songs und Balladen wurden zu Welthits.

1930   März: Uraufführung der Oper *Aufstieg und Fall der Stadt Mahagonny* (Musik von Kurt Weill) in Leipzig. – Dezember: Uraufführung des Lehrstücks

Die Maßnahme (Musik von Hanns Eisler) in Berlin. Mit seinen Lehrstücken, die 1929–32 entstanden, wollte er durch die Darstellung von Verhaltensweisen der Figuren nicht »Lehren« verkünden, sondern Lernprozesse vorführen.

1931 Entstehung des Theaterstücks *Die heilige Johanna der Schlachthöfe* (Mitautorin war u. a. Elisabeth Hauptmann; Uraufführung 1959).

1932 Januar: Uraufführung des Lehrstücks *Die Mutter* (Musik von Hanns Eisler) mit Helene Weigel in der Hauptrolle; das Revolutionsstück stellt die Entwicklung einer zunächst unpolitischen Arbeiterin zur engagierten Kommunistin im vorrevolutionären Russland dar; Brecht wurde nun in der rechten Presse als »Interpret des Bolschewismus« hingestellt, SA-Trupps versuchten die Produktion seines Films *Kuhle Wampe* (1932) zu stören.

1933 27. Februar: Brecht verlässt Deutschland und reist mit seiner Familie über Prag nach Wien und findet, nach kurzen Aufenthalten in der Schweiz und in Paris, über eine Freundin von Helene Weigel ein Haus in der Nähe der dänischen Stadt Svendborg auf der Insel Fünen, wo er bis 1939 mit der Familie und seiner Mitarbeiterin und Geliebten Margarete Steffin lebt. – Mai: Brechts Bücher werden von den Nationalsozialisten verbrannt und seine gesamten Werke verboten.

1935 Brecht wird die Staatsbürgerschaft entzogen; er sucht den Kontakt zu anderen linksorientierten

Schriftstellern im Exil, nimmt am »Internationalen Schriftstellerkongress zur Verteidigung der Kultur« in Paris teil und setzt sich in politischen und literarischen Essays mit den Möglichkeiten eines Kampfs gegen den Faschismus und mit der Doktrin des Sozialistischen Realismus auseinander.

1938–40 Im Exil entstehen unter schwierigen Arbeitsbedingungen die großen Exildramen: 1938 die 1. Fassung von *Leben des Galilei*; 1938/39 *Mutter Courage und ihre Kinder*; 1938/40 *Der gute Mensch von Sezuan*; 1940 *Herr Puntila und sein Knecht Matti*. – 1939: Brecht verlässt Dänemark, wo er sich nicht mehr sicher fühlt, und geht nach Schweden. – 1940: Kurzer Exilaufenthalt in Helsinki (Finnland). – Ebenfalls im Exil entstehen kürzere Erzählungen, die 1949 zusammen mit Gedichten und 39 *Geschichten vom Herrn Keuner* in der Sammlung *Kalendergeschichten* erschienen, die sein erfolgreichstes Buch wurden.

1941 Brecht darf in die USA einreisen, wo er als Drehbuchautor arbeiten will; trotz seiner Kontakte zu vielen anderen Intellektuellen fühlt er sich in dem konsumorientierten Land fremd; er hat – nicht zuletzt aufgrund seiner politischen Einstellung – mit seinen Drehbüchern wenig Erfolg und wird vom FBI überwacht.

1944–47 Zusammenarbeit mit dem Schauspieler Charles Laughton an der 2. (amerikanischen) Fassung des *Galilei*, die eine Möglichkeit bot, die Isolation Brechts in der Theaterarbeit zu überwinden.

1947 Juli: Uraufführung der amerikanischen Fassung von *Leben des Galilei* im Coronet Theatre in Beverly Hills. – Oktober: Brecht muss sich vor dem »Ausschuss für unamerikanische Umtriebe« verantworten und bestreitet, jemals Mitglied einer kommunistischen Partei gewesen zu sein. Er verlässt die USA und reist über Paris nach Zürich, wo er sich als Flüchtling ohne Pass für ein Jahr aufhält und an seine Arbeit als »Stückeschreiber« und Regisseur anknüpft.

1948 Oktober: Reise in die sowjetische Besatzungszone nach Berlin-Ost.

1948/49 *Die Tage der Commune*; in dem Stück greift er revolutionäre Ereignisse in Paris 1871 auf und zeigt damit, dass er in einem »sozialistischen« Weg die Zukunft Deutschlands sieht.

1949 Januar: Brecht inszeniert im Ost-Berliner Deutschen Theater *Mutter Courage und ihre Kinder* mit Helene Weigel in der Titelrolle; die Premiere wird ein großer Erfolg; zugleich erfährt Brecht erste Kritik von Kulturfunktionären, die ihm »volksfremde Dekadenz« vorwerfen. – Februar: Brecht kehrt nach Zürich zurück und versucht dort ohne Erfolg seine Aufenthaltsgenehmigung zu verlängern. In der Zwischenzeit bereitet Helene Weigel in Berlin die Gründung des »Berliner Ensembles« vor, mit dem Brecht in den Jahren bis zu seinem Tod an der praktischen Umsetzung seiner Vorstellungen von den Wirkungsmöglichkeiten seines »dialektischen« Theaters arbeitet. – Mai: Brecht verlässt die

Schweiz und lebt in Ost-Berlin. – Oktober: Gründung der DDR.

1952   Brecht bezieht mit Helene Weigel ein Haus im brandenburgischen Buckow (heute Museum).

1953   17. Juni: Der Volksaufstand in der DDR wird von der Sowjetarmee gewaltsam niedergeschlagen. Die DDR-Regierung bezeichnet die Demonstration als von faschistischen Kräften gesteuert; Brecht solidarisiert sich offiziell mit der Regierung, woraufhin man ihm im Westen mit Ablehnung begegnet. Im selben Jahr entstehen die *Buckower Elegien*, in denen Brecht den Widerspruch zwischen seinen eigenen Hoffnungen auf den Aufbau des Sozialismus und der realen Entwicklung des SED-Staats kritisch reflektiert.

1954   Stalin-Friedenspreis; Brecht wird als Repräsentant einer sozialistischen Kulturpolitik nach außen vereinnahmt, gerät jedoch mit seinen Auffassungen eines kritischen Realismus und eines dialektischen Theaters in Konflikt mit der SED.

1956   14. August: Brecht stirbt an einem Herzinfarkt. Die geplante Aufführung der 3. Fassung von *Leben des Galilei* kann er nicht mehr verwirklichen.

8. Rezeption

Die 3. Fassung von *Leben des Galilei* gehört, neben der *Mutter Courage*, zu den am meisten aufgeführten Stücken Brechts und hat die Wahrnehmung des Dichters vor allem von den 1950er bis zu den 1970er Jahren entscheidend mitgeprägt. Bis zu den Aufführungen in jüngster Zeit haben vor allem drei Problemfelder die Diskussion über die Aufführungen bestimmt: der aktuelle Bezug des Falls Galilei, die Sichtweise der Figur zwischen Verurteilung oder Einfühlung und der Umgang mit den Gestaltungsmitteln des epischen Theaters. Die Diskussion spiegelt dabei den politisch-gesellschaftlichen Wandel, von dem Ost-West-Konflikt in der Zeit des Kalten Krieges über den Diskurs über das Ende der Aufklärung seit den 1980er Jahren bis zu Bezügen zur aktuellen politisch-gesellschaftlichen Lage (Gentechnik, Klimawandel, Risiken der zivilen Atomnutzung, weltweite militärische Konflikte). Davon unabhängig hing die Resonanz der Aufführungen von zwei Faktoren ab: der Überzeugungskraft des Inszenierungskonzepts großer Regisseure und der Gestaltungskraft großer Schauspieler.

Bereits bei der Züricher Uraufführung am 9. September 1943, nach der Niederlage der deutschen Truppen vor Stalingrad und dem Sturz Mussolinis, zogen Rezensenten Parallelen zwischen Inquisition und Gestapo sowie zwischen dem Widerstand gegen den Faschismus und Galileis heimlicher Arbeit an dem Kampf für die Wahrheit. Bei der Aufführung der

Randglossen:

■ Problemfelder der Bühnenrezeption

■ Wandel in politisch-kulturellen Kontexten

■ Aktuelle politische Bezüge

amerikanischen Fassung am 30. Juli 1947 in Beverly Hills wurde in der Kritik eine »Parallele« zum Missbrauch der Entdeckungen der Atomwissenschaftler durch die »Mächtigen« gezogen,[53] und bei der Erstaufführung der 3. Fassung am 19. April 1955 in Köln wurde, im Kontext von Wiederbewaffnung und Beitritt der Bundesrepublik zur NATO, der aktuelle Bezug zur »Atombombenbedrohung« betont, der die ganze Menschheit bewege.[54] Nach der sehr erfolgreichen Inszenierung am Berliner Ensemble am 15. Januar 1957, die viele Jahre immer wieder auf dem Spielplan stand, sahen westdeutsche Rezensenten im Stück eine listige Kritik an der DDR: Es gehe um den Aufstand der Wahrheit gegen die Autorität, die als römische Kurie so gut wie als Politbüro erscheinen könne.

■ Listige DDR-Kritik

Mit dem Ende des Kalten Krieges und der Entspannung im Ost-West-Konflikt nimmt seit den 1980er Jahren die politische Brisanz möglicher Aktualisierungen deutlich ab. Ethische Grenzen werden vor allem in der Genforschung diskutiert, aber »die Verantwortung des Wissenschaftlers« sei »heute kein großes Thema mehr«, schrieb ein Rezensent zu einer Aufführung 2017 am Schauspiel Essen.[55] An die Stelle dieses Diskurses treten nun individuelle Aktualisierungsversuche der Regisseure.

■ Aktualisierungsversuche im »Regietheater«

53 Brecht (s. Anm. 9), Bd. 5, S. 376.
54 Brecht (s. Anm. 9), Bd. 5, S. 379.
55 Gerhard Preußer, in: *nachtkritik*, 24. Juni 2017, https:/www.nachtkritik.de/index.php?option=com_content&view=article&id=14179 [Zugriff 07.01.2020].

Abb. 6: Diesseits des schwarzen Lochs. Peter Kurth als Galilei (vorn) und die Sternenschauer mit Papp-Teleskopen in der Stuttgarter Inszenierung von Armin Petras (2014). – © Matthias Horn

■ Inszenie-
rung der
dänischen
Fassung

■ Ambivalenz
der Taktik

Zum 80. Geburtstag von Brecht griff Manfred Wekwerth, seit 1951 Regieassistent am Berliner Ensemble, bei einer Neuinszenierung auf die dänische Fassung zurück, um statt der rigorosen Verurteilung Galileis im historischen Kontext der Atombombenbedrohung die »Dialektik zwischen Strategie und Taktik« zu thematisieren: »Es kann keine ausschließliche Verdammung der Taktik geben: Ohne Widerruf gäbe es keine Weiterführung des Werkes Galileis. Aber es kann auch kein ausschließliches Lob der List und der Taktik geben: [...] Galilei selbst wird über die Erhaltung seines Werkes zerstört.«[56] Am Fall Galileis werden für Wekwerth damit modellhaft Fragen gestellt, die auch in der Beurteilung der Entwicklung des Sozialismus in der DDR durch Idealvorstellungen von Kommunismus eine Rolle spielten.

»Vielleicht sollte man dem Galilei Brechts ein wenig von seiner schweren Bürde abnehmen«, schrieb Klaus Völker 1983 in seinem *Brecht-Kommentar*.[57] Von dieser Bürde haben aktuelle Aufführungen seit der Jahrtausendwende die Figur befreit, wenn z. B. die Dresdner Aufführung unter der Regie von Armin Petras 2013 Galilei als einen »modernen« Wissenschaftler zeigt: »scharfsichtig und fantasievoll, aber auch umtriebig und geschäftstüchtig bis zu den Grenzen der Legalität, ein Reformdenker, aber eben kein Revolutionär und schon gar kein geborener Märtyrer«.[58] In der Darstellung der 8. Szene wird die Frage nach dem »Sinn des Lebens«, auf die es keine Antwort gibt, wichtiger als die gesellschaftsverändernde Kraft der Vernunft. Im Gegensatz zu Brechts Sichtweise der Figur in der Zusammenarbeit mit Laughton, in der die Verbindung von vitaler Sinnlichkeit und Forschungs-

■ Befreiung von Brechts Urteil

56 Manfred Wekwerth, »Zur Regie«, in: *Brechts »Leben des Galilei«* (s. Anm. 12), S. 159.
57 Völker (s. Anm. 42), S. 194.
58 Tomas Petzold, »Brechts *Leben des Galilei* von Armin Petras am Staatsschauspiel Dresden«, in: *Dresdner Neueste Nachrichten*, 11. März 2013, http://www.dnn.de/Nachrichten/Kultur/Regional/Brechts-Leben-des-Galilei-von-Armin-Petras-am-Staatsschauspiel-Dresden [Zugriff 07.01.2020].

drang betont wurde, zeigte z. B. eine Aufführung von 2007 im Theater in der Kreide in Münster einen »verliebten, leicht erpressbaren, nicht ganz in der Welt lebenden Galileo Galilei«, bei dem »Genie und Wahnsinn eng beieinander liegen«: »Galilei – wie ihn keiner kennt.«[59]

Interesse am Charakter Galileis

In der neueren Bühnengeschichte des *Galilei* hat die Auseinandersetzung mit Brechts Dramentheorie eine weitaus geringere Rolle gespielt als die Einflüsse des Wandels von Aufführungspraktiken und -stilen. In aktuellen Inszenierungen verzichtete man z. B. auf die den Szenen vorangestellten und von Eisler vertonten Epigramme, die als epische Elemente eine kritische Reflexion des Geschehens ermöglichen sollen, weil sie einen »spannenden« Handlungsverlauf stören, und ersetzte die Musik Eislers durch italienische Opernarien vom Band oder einen Song von Robbie Williams.

Wandel von Aufführungspraktiken

Vertraute man in den Inszenierungen der 1950er und 1960er Jahre noch auf die Wirkung der geschliffenen Dialoge, so zeigt ein Kritiker einer Aufführung in Rostock 2011 Verständnis dafür, dass der Regisseur »das quasselige Stück auf zweieinhalb Spielstunden« eingedampft und »aus dem epischen Lehrstück eine zappelige Commedia ohne arte« gemacht habe.[60] Ver-

---

59 Theater in der Kreide, http://www.reinhard-staehling.de> galilei [Zugriff 07.01.2020].
60 Hartmut Krug, *Im Schraubstock des Groteskzwangs*, https:// www.nachtkritik.de/index.php?option=com_content& view=article&id=6185:das-leben-des-galilei-nkay-wuschek-

gnügen soll nicht bereiten, dass man, wie beim Schauspieler Ernst Busch, eine Figur »denken« sieht, sondern der Unterhaltungswert wird durch eine Fülle von mehr oder weniger regiespezifischen Einfällen oder auch bloßen Gags gesteigert. Für die aktuellen Inszenierungen dürfte die Kritik des Brecht-Forschers Schumacher gelten: »Was mit Brechts dramatischer Poesie anfangen, wenn sich die sie tragende Ideologie verflüchtigt hat?«[61]

■ Orientierung am Unterhaltungswert

brecht-rostock&catid=1454:volkstheater-rostock [Zugriff 07.01.2020].

61 Ernst Schumacher über die Inszenierung von B. K. Tragelehn 1997 am Berliner Ensemble, zitiert nach: Peter Langemeyer, *Bertolt Brecht: »Leben des Galilei«*, Stuttgart 2001, S. 188.

9. Wort- und Sacherläuterungen

3,3 [Titelseite] **Schauspiel:** Genre des Dramas, das im Unterschied zur Tragödie nicht tragisch endet.

4,1 [Impressumseite] **Geschrieben 1938/39:** Entstehungsdaten der 1., nicht der 3. Fassung, die in Bd. 1 der edition suhrkamp abgedruckt wurde.

7,3 **das neue kopernikanische Weltsystem:** das von Nikolaus Kopernikus (1473–1543) begründete heliozentrische Weltbild, nach dem die Sonne der Mittelpunkt des Universums ist; die Erde ist nur einer der Planeten, die sie umkreisen.

7,11 **Milch:** zentrales Motiv des Stücks, das sowohl die sinnlichen Bedürfnisse als auch die ökonomischen Verhältnisse thematisiert.

7,28 **des Ptolemäischen Systems:** das nach dem ägyptischen Astronomen Claudius Ptolemäus (um 100–160 n. Chr.) benannte geozentrische Weltbild, nach dem die Erde im Mittelpunkt des Universums steht und von den sieben Planeten umkreist wird. Galt zu Galileis Zeit als unumstößliche Wahrheit, da es scheinbar der Wahrnehmung, der Lehre des Aristoteles und den Aussagen der Bibel entsprach.

8,1 **Astrolab:** von den Arabern erfundenes Instrument zur Bestimmung der Lage von Gestirnen; hier allerdings ein Modell des ptolemäischen Systems, bei dem sich die Gestirne auf Schalen um die Erde bewegen.

8,10 **kristallnen Sphären:** Nach der Auffassung des griechischen Philosophen Aristoteles (384–322 v. Chr.)

bewegen sich die Gestirne auf durchsichtigen Kugelschalen um die Erde.

9,7 **seit unsere Schiffe:** Entdeckungsfahrten von Kolumbus (Amerika, 1492), Vasco da Gama (Seeweg um die Südspitze Afrikas nach Indien, 1498) und Ferdinand Magellan (Weltumsegelung 1519–1521).

9,29 **Zweifel:** Der französische Philosoph René Descartes (1596–1650) sah im Zweifel an scheinbar gültigen Wahrheiten eine Methode der Überprüfung, um zu gesicherten Erkenntnissen zu gelangen. Vgl. Brechts Gedicht *Lob des Zweifels* (um 1939).

9,34 **Prälaten:** höhere Geistliche der römisch-katholischen Kirche.

10,4 **Spinnrocken:** Holzstäbe, auf die die Fasern aufgewickelt sind, die gesponnen werden.

10,28 **Wie sagt der Dichter?:** Brecht bezieht sich hier auf eine Textstelle im *Novum Organum* (1620) des englischen Philosophen Francis Bacon (1561–1626), der ein Gedicht des römischen Schriftstellers Lukrez zitiert.

11,3 **Kippernikus:** Veränderung von Kopernikus zu einem sprechenden Namen; mit seinem Hauptwerk *De revolutionibus orbium coelestium* (1543) »kippt« er das alte Weltbild.

11,14 **Glotzen ist nicht sehen:** Wie Bacon und Descartes stellt hier Galilei der unkritischen Wahrnehmung, dem bloßen Augenschein (die Sonne bewegt sich), die wissenschaftliche Beobachtung gegenüber.

12,22 **zu leben eine Lust ist:** Anspielung auf einen Ausspruch des deutschen Humanisten Ulrich von Hutten (1488–1523): »O saeculum! O literae! Iuvat vivere!« (»O

Jahrhundert, o Wissenschaften! Es ist eine Lust zu leben!«)

14,19 Campagna: Landwirtschafts- und Weinbaugebiet
in der Umgebung von Rom.

14,26 Skudi: ital. *Scudi* (von *scudo* ›Schild‹); alte italienische Silber- und Goldmünzen mit einem Wappen-
schild.

15,10 komische Rohr: Linsenfernrohr des holländischen
Brillenmachers Johann Lippershey (1608).

15,13 konkave: nach innen gewölbte.

15,13 konvexe: nach außen gewölbte.

15,35 tote Sprache: nicht mehr gesprochene Sprache, z. B.
Latein oder Altgriechisch.

16,6 Kurator: Beamter der Universität, Vermögensver-
walter.

16,22 die Republik: die Republik Venedig; sie entstand
im 7. Jh. und wurde bis zur Besetzung durch Napoleon
1797 von Vertretern adeliger Familien regiert, die einen
Dogen als Staatsoberhaupt wählten.

16,34 f. siebengescheit: spöttisch für besonders klug;
Anspielung auf die »Sieben Weisen«, bedeutende Per-
sönlichkeiten des Altertums.

17,5 f. Hypothesen: vorläufig als wahr betrachtete An-
nahmen, die wissenschaftlich bewiesen werden müssen.

17,15 Cremonini: Cesare Cremonini (1550–1631), italienischer Philosoph und Mathematiker an der Universität
Padua; widersetzte sich dem Einfluss der Jesuiten und
geriet öfter in Konflikt mit der Inquisition.

17,16 Inquisition: von lat. *inquisitio* ›Untersuchung‹;

seit dem 13. Jh. Gerichtsinstitution der katholischen Kirche zur Verfolgung von Ketzern unter der Kontrolle des Papstes, die vor allem aus Dominikaner- und Franziskanermönchen bestand. Zu den Methoden der Untersuchung gehörte auch die Anwendung der Folter.

17,25 **Giordano Bruno:** italienischer Philosoph und Dichter (1548–1600), vertrat die kopernikanische Lehre und die pantheistische Auffassung, dass das Universum unendlich sei und Gott in allem, was existiert, wirke. Er wurde als Ketzer angeklagt und nach sieben Jahren Kerkerhaft in Rom auf dem Scheiterhaufen verbrannt.

18,14 **Signoria:** Staatsorgan der Republik Venedig, das zusammen mit dem Dogen die Exekutivgewalt innehatte.

18,14 f. **Untersuchungen über die Fallgesetze:** Galilei untersuchte seit den 1590er Jahren in Experimenten die Bewegung von Körpern durch ihre Schwerkraft.

18,25 **Herr Colombe:** Ludovico delle Colombe (1565–1616 [?]), Florentiner Mathematiker und Philosoph, Verfechter der Lehren des Aristoteles und Gegner Galileis.

19,9 **Lederfolianten:** in Leder gebundene Bücher im Folioformat.

19,11 **Aristoteles:** griechischer Philosoph (384–322 v. Chr.); seine Schriften wurden seit der Mitte des 13. Jh.s durch die christlichen Theologen und Philosophen zur unumstößlichen Lehrmeinung an den Universitäten.

19,23 **Ihre Entdeckungen:** Galilei erfand u. a. eine hydrostatische Waage zur Bestimmung spezifischer Gewichte, ein Thermometer und eine Wasserpumpe.

19,32 **Proportionalzirkel:** Vorläufer des Rechenschiebers; Instrument, mit dem mathematische Operationen auf das Rechnen mit Streckenlängen und Streckenverhältnissen zurückgeführt werden können.

20,7 **Stefano Gritti:** vermutlich von Brecht erfundene Person.

20,21 **Arsenal:** die staatlichen Schiffswerften und Waffenschmieden der Republik Venedig.

22,2 **Campanile:** freistehender Glockenturm.

22,3 **Gracia dei:** von Gottes Gnaden.

23,7 **Teleskop:** am 21. August 1609 überreichte Galilei der Stadtregierung (Signoria) ein Fernrohr, das eine 20-fache Vergrößerung ermöglichte, und gab es als seine eigene Erfindung aus.

23,9 **Doge:** auf Lebenszeit gewähltes Staatsoberhaupt der Republik Venedig.

23,10 **Sagredo:** Giovanni Francesco Sagredo, venezianischer Patrizier und Diplomat, Freund Galileis.

23,10 **Virginia:** Name von Galileis unehelich geborener Lieblingstochter, die, anders als im Stück, 1616 als Nonne in ein Kloster eintrat und 1634 starb.

28,32 **Journal:** Tagebuch; Brecht bezeichnete mit diesem Begriff seine Aufzeichnungen von 1938 bis 1955 zu Ereignissen der Zeitgeschichte und zur eigenen Arbeit.

31,6 **Filzen:** umgangssprachlich für Geizhälse.

31,13 **Klafter:** alte Maßeinheit; hier: ca. 3–4 m³.

32,24 **andere Sonne:** ein Planet, um den sich andere Himmelskörper, wie um die Sonne, drehen.

32,29 **der andere:** Giordano Bruno (vgl. Anm. zu 17,25).

33,1 **Stockfisch:** Fisch, der auf Holzgestellen getrocknet wird; hier im übertragenen Sinn: steifer, langweiliger Mensch.

36,19 **Frühmette:** Gottesdienst am frühen Morgen.

37,1 **»Mediceischen Gestirne«:** Galilei benennt die von ihm entdeckten Monde des Jupiter nach dem Adelsgeschlecht der Medici, das im Großherzogtum Toskana regiert.

37,31 **Großherzog von Florenz:** Cosimo II. de' Medici (1590–1621) wurde, anders als im Stück, mit 19 Jahren Großherzog. Galilei hat ihn als Prinzen unterrichtet.

40,13 **Speichellecken:** derbe Bezeichnung für unwürdiges Schmeicheln.

40,18 **Monsignore:** päpstlicher Ehrentitel, hier Anrede für Prälaten.

43,34 **Miasmen:** giftige Ausdünstungen des Bodens, die als Ursache für Seuchen (Pest) angesehen wurden.

44,24 **epizyklische Bahn:** geometrische Darstellung der Planetenbewegung als Zusammensetzung aus einem Haupt- und einem Nebenkreis (griech. Epizykel).

45,5 **applizieren:** anwenden.

45,22 f. **Aristotelis divini universum:** (lat.) »das Weltall des göttlichen Aristoteles«.

46,2 **musizierenden Sphären:** Aristoteles weist in seinem Buch *Über den Himmel* die von dem griechischen Philosophen und Mathematiker Pythagoras (um 570–510 v. Chr.) und seinen Anhängern vertretene Auffassung einer durch die Bewegung der Kristallschalen entstehenden »Sphärenmusik« zurück.

46,5 **Satellitentafeln:** Zeittabellen, welche die wechselnde Stellung der Himmelskörper gegenüber der Erde zeigen.

46,6 **Katalogs:** Angaben über die Sternbilder und Sterne und ihre Orte zu bestimmten Zeitpunkten.

46,7 **celestialen Globus:** der Himmelskugel.

46,24 **Phänomen:** Erscheinung; hier: die aufgezeichnete Bewegung der Jupitermonde.

48,23 **aller Fakultäten:** seit dem hohen Mittelalter bestand das Universitätssystem aus vier Fakultäten: der philosophischen, theologischen, juristischen und medizinischen.

48,32 f. **Hohen Kirchenväter:** christliche Schriftsteller der ersten sieben Jahrhunderte, die durch ihre Schriften und ihr vorbildliches Leben theologische Autorität erlangten.

50,27 f. **Christopher Clavius:** deutscher Mathematiker, Astronom und Jesuit (1538–1612) am Collegium Romanum, der wissenschaftlichen Lehr- und Forschungsanstalt des Vatikans.

50,28 f. **Päpstlichen Collegium:** Collegium Romanum, 1551 auf Anregung des Ignatius von Loyola, dem Gründer des Jesuitenordens, geschaffen. Die Wissenschaftler waren meist Jesuiten.

51,10 **Arcetri:** kleiner Ort in der Nähe von Florenz, in dem Galilei wohnte.

51,30 **Kalesche:** leicht gebaute Kutsche mit zusammenklappbarem Verdeck.

53,25 f. **den Englischen Gruß:** katholisches Gebet (Ave Maria); Worte, mit denen der Engel Gabriel Maria ankündigte, dass sie den Sohn Gottes gebären werde.

54,18 **Anger:** Grasplatz, Dorfwiese.

56,11 **Ursulinerinnen:** nach der heiligen Ursula, einer Märtyrerin, benannter Schwesternorden, der sich der Mädchenerziehung und der Armen- und Krankenpflege widmet.

56,22 **Venus:** Galilei entdeckte 1610, dass die Venus wie der Mond sich in zu- und abnehmender Form zeigt, ein weiterer Beweis für das kopernikanische System.

58,6 **Gottesknecht:** biblischer Ausdruck für einen frommen, gottesfürchtigen Menschen.

58,21 **Schusser:** (süddt.) kleines Spielkügelchen, Murmel.

58,21 f. **Sancta simplicitas:** (lat.) »Heilige Einfalt«.

59,22 **höchsten Sphäre:** Nach dem ptolemäischen System besteht das Weltall aus acht Sphären, in denen sich die Planeten bewegen.

59,23 **neuer Stern:** kein neu entstandener Stern, sondern ein Stern, der vor der Erfindung des Fernrohrs durch Veränderung seiner Helligkeit wahrgenommen werden konnte. Seine Entdeckung durch den Astronomen David Fabrizius 1572 stellte die Lehre von der Unveränderlichkeit des Himmels in Frage.

59,32 **Tycho Brahe:** dänischer Astronom (1546–1601), widerlegte durch seine Beschreibung der Bahn des 1577 aufgetauchten Kometen die Auffassung von den Kugelschalen des Weltalls.

60,9 **Principiis obsta:** (lat.) »Wehre den Anfängen!«

60,19 f. **»Sonne, stehe still … im Tale Ajalon!«:** Bibelstelle (Josua 10,12), nach der Gott durch seinen Befehl die Israeliten im Kampf gegen ihre Feinde unterstützt habe; galt als ›Beweis‹ für den Stillstand der Erde und die Bewegung der Sonne.

61,16 **Kardinal:** höchster Würdenträger der katholischen Kirche nach dem Papst.

61,25 **Krone der Schöpfung:** nach dem Alten Testament (Genesis) ist der Mensch das Ebenbild Gottes und Herr über alle Geschöpfe.

62,4 **Eminenz:** Hoheit; Anrede der Kardinäle.

63,15 **Kardinal Inquisitor:** Vorsteher des Inquisitionsgerichts (vgl. Anm. 17,16).

64,3 **Index:** (lat.) Verzeichnis der von der katholischen Kirche verbotenen Bücher (seit 1559 zur Bekämpfung der Reformation).

64,8 **Bellarmin:** Roberto Bellarmino (1542–1621), italienischer Theologe und Jesuit, 1592 Rektor des Collegium Romanum.

64,9 **Vestibül:** Vorhalle.

64,18 **Thais:** griechische Hetäre (gesellschaftlich anerkannte, gebildete Prostituierte in der Antike) im Gefolge Alexanders des Großen.

65,4 **Adonis:** Geliebter der griechischen Liebesgöttin Aphrodite; schöner Jüngling.

65,31 **Lorenzo di Medicis:** Lorenzo de’ Medici (1449–1492), genannt »der Prächtige«, leitender Staatsmann der Republik Florenz und Dichter.

66,4 f. **Orsinis … Colombinis:** Namen bedeutender italienischer Adelsgeschlechter.

66,8 **Barberini:** Maffeo Barberini (1568–1644), Jurist, Wissenschaftler und Dichter; Galilei seit 1611 persönlich bekannt; wurde 1623 als Urban VIII. Papst.

66,14 **Salomo:** sagenumwobener israelitischer König; in dem Zitat aus dem »Buch der Prediger« (1,5) im Alten Testament wird die Bewegung der Sonne als Beispiel für den gleichbleibenden Gang der Natur gesehen, der die Vergänglichkeit des Menschen gegenübergestellt wird.

66,26 **Krätze:** eine Hautkrankheit, die durch die Krätzemilbe hervorgerufen wird, die in der Oberhaut ihre Eier ablegt.

66,30 **die Schrift:** die Bibel.

66,33 **Sprüche Salomonis:** Sprichwörter des israelitischen Königs Salomon im Alten Testament.

67,9 f. **Zwei Knäblein:** Anspielung auf die Zwillingsbrüder Romulus und Remus, die nach der Sage von einer Wölfin gesäugt wurden und Rom gründeten.

69,8 f. **Heilige Offizium:** (lat.) Heilige Behörde; die oberste Gerichtsinstanz der Inquisition.

70,1 **Heilige Kongregation:** (lat.) Vereinigung, Versammlung; hier die Gerichtsinstanz der Inquisition.

74,20 **Dekret:** Verordnung, richterlicher Beschluss; am 3. März 1616 erließ die Indexkongregation die Verfügung, dass Kenntnisnahme, Besitz und Verbreitung der Werke des Kopernikus verboten sind.

76,2 **Welttheater:** Metapher für die vor allem im Barock verbreitete Vorstellung des Weltgeschehens als von Gott gelenktes Schauspiel, in dem die Menschen verschiedene Rollen spielen; vgl. den Titel von Calderóns Schauspiel *El gran teatro del mundo* (dt. *Das große Welttheater*, 1635).

76,29 **Soutane:** langes Obergewand der katholischen Geistlichen.

76,34 f. **Stellvertreter des milden Jesus:** der Papst als Stellvertreter Christi auf Erden, der wie ein weltlicher Herrscher Krieg um Macht und Einfluss führte.

77,2 **Stuhl Petri:** Thron des Papstes, benannt nach dem Apostel Petrus, dem ersten, von Jesus eingesetzten Oberhaupt der Kirche.

77,25 **Cellini-Uhr:** Benvenuto Cellini (1500–1571): italienischer Goldschmied, Bildhauer und Schriftsteller.

78,2 **Priap:** antiker Fruchtbarkeitsgott mit übergroßem Phallus.

78,7 **Horaz:** bedeutender römischer Dichter (65–8 v. Chr.).

78,10 **Esquilinischen Gärten:** der Esquilin ist einer der sieben Hügel Roms.

78,23 **Kurie:** der päpstliche Hof und seine Behörden.

79,9 **Ebbe und Flut:** vor dem Erlass des Dekrets beteiligte sich Galilei an der Diskussion über die Ursachen von Ebbe und Flut.

79,13 **Apfel vom Baum der Erkenntnis:** Anspielung auf den Sündenfall Adams im Alten Testament.

79,21 f. **in den Ofen hineinschreien:** Redensart; etwas nicht öffentlich sagen.

80,5 f. **Sonnenflecken:** anders als in dieser Szene dargestellt, hatte Galilei bereits 1613 eine Abhandlung zur Deutung der Sonnenflecken veröffentlicht.

80,27 f. **Schwimmende Körper:** Galilei hatte bereits 1611 eine Schrift über schwimmende Körper publiziert.

80,28 **Schaff:** großes offenes Holzgefäß, Bottich, Zuber.

82,21 **Horoskop:** aus der Stellung der Gestirne bei der

Geburt eines Menschen macht die Astrologie Aussagen über den Lebenslauf.

82,27 **Aszendenten:** in der Astrologie das Tierkreiszeichen, das zum Zeitpunkt der Erstellung des Horoskops am östlichen Horizont aufsteigt.

83,17 **Traktat:** wissenschaftliche Abhandlung.

83,17 **Fabrizius:** Johann Fabricius (1587–1616), deutscher Astronom, veröffentlichte 1611 seine Schrift über die Sonnenflecken (*De maculis in sole …*).

88,13 **Und sie bewegt sich doch:** Einer Anekdote nach soll Galilei diesen Satz nach seinem Widerruf gesagt haben.

90,8 **Observationen:** hier naturwissenschaftliche Beobachtungen.

90,13 f. **Mariae Empfängnis:** katholischer Feiertag am 8. Dezember.

91,4 **Doktrinen:** Lehrsätze; hier die Glaubensgrundsätze der Kirche.

91,34 **Sprache des Volkes:** Galilei schrieb seine Abhandlungen über schwimmende Körper, über die Sonnenflecken und den *Dialog über die beiden hauptsächlichsten Weltsysteme* (1632) in italienischer Sprache.

94,3 **Pamphletisten:** Verfasser von Schmähschriften.

94,6 **Gilden:** genossenschaftliche Vereinigungen von Kaufleuten und Handwerkern.

95,4 **Stadtschöffen:** Ratsherren.

95,9 f. **ordo ordinum:** (lat.) »Ordnung der Ordnungen«; die von Gott geschaffene Ordnung.

95,10 **regula aeternis:** (lat.) »die ewige Regel«.

95,17 **creatio dei:** (lat.) »Schöpfung Gottes«.

96,13 **Brotkipf:** (süddt.) kleines längliches (Weizen-) Brötchen.

97,26 **exaltiert:** künstlich aufgeregt.

98,7 **Blache:** (süddt.) Plane aus grobem Leinen.

100,13 **Pamphlete:** Schmähschriften.

100,16 **Homer:** griechischer Dichter (8. Jh. v. Chr.), dem die Epen *Ilias* und *Odyssee* zugeschrieben werden.

100,19 **Manufaktur:** vorindustrieller Betrieb, in dem Waren arbeitsteilig in Handarbeit hergestellt werden.

100,23 **Kultivator:** Gerät zur Lockerung des Bodens.

100,32 **Geldmärkte:** Börsen für den Handel mit Wechseln, Staatspapieren und Aktien.

101,12 **Schwarzröcke:** umgangssprachlich abwertend für die Geistlichen der katholischen Kirche.

101,33 **Buch:** Galileis *Dialog über die beiden hauptsächlichsten Weltsysteme* (1632).

103,12 **Cosmo de Medici:** Cosimo II. starb bereits 1621; Galilei übereichte das erste Exemplar seines *Dialogs* 1632 dessen Sohn und Nachfolger Ferdinando II.

106,1 **Barbaren:** im antiken Griechenland Bezeichnung für die Fremden; das antike Rom wurde öfter von fremden Volksstämmen, z. B. den Vandalen, geplündert.

106,4 **spanische Politik:** Der Papst unterstützte Spanien, das weite Gebiete in Italien beherrschte, gegen italienische Unabhängigkeitsbewegungen.

106,6 **Kaiser:** Ferdinand II. von Habsburg (1578–1637), seit 1619 Kaiser des Heiligen Römischen Reiches. Zum Konflikt kam es wegen Interessengegensätzen bei Erbansprüchen auf das Herzogtum Mantua (1628–1631).

106,7 **Fleischbank:** Metapher für die Gräuel des Dreißig-
jährigen Krieges (1618–1648).

106,30 **Kollekten:** Kirchenspenden der Gläubigen.

107,10 **Idiom:** Mundart; hier das Italienische im Gegensatz
zu Latein als der Sprache der Kirche und Wissenschaft.

107,32 **Versailles ... Wiener Hof:** nach Galileis Verurteilung setzte sich der französische Gesandte für Galilei
ein.

108,8 **sein Buch erlaubt:** 1632 wurde die Druckgenehmi-
gung erteilt.

108,23 **Ornat:** feierliche kirchliche Amtstracht.

108,24 f. **Instrumente:** Folterwerkzeuge.

109,19 **Discorsi:** Galileis Hauptwerk *Discorsi, die Unterredungen und mathematische Demonstration über zwei
neue Wissenszweige, die Mechanik und die Fallgesetze
betreffend*, erschien 1638 in Leiden.

109,28 **sein Buch:** der *Dialog über die beiden hauptsächlichsten Weltsysteme* wurde kurz nach der Veröffentlichung von der Inquisition eingezogen.

110,25 f. **hieme et aestate ... et ultra:** (lat.) »im Winter
und im Sommer, nahe und fern, so lange ich lebe und
darüber hinaus«.

114,4 **Ellen:** altes Längenmaß, ungefähr der Länge des
Unterarms entsprechend.

115,3 f. **Gefangener der Inquisition:** der Papst wandelte
die Kerkerstrafe in Hausarrest um.

116,15 **sein Buch:** die *Discorsi*.

117,8 f. **Sintemalen:** (veraltet) da, weil.

117,26 **Epheser:** Bewohner der Stadt Ephesus in Kleinasi-
en, einer christlichen Gemeinde.

117,29 **Imitatio:** (lat.) Nachahmung; ironische Anspielung auf das weitverbreitete Erbauungsbuch *De imitatione Christi* (*Von der Nachfolge Christi*) des Mystikers Thomas von Kempen (um 1380–1471).

119,4 **Hydraulik:** Wissenschaft von den Strömungen der Flüssigkeiten.

119,29 **Descartes:** vgl. Anm. zu 9,29; seine Abhandlung über das Licht erschien postum erst 1664.

120,4 f. **Man gestattet ... nicht gestattet:** ironische Veränderung des lateinischen Sprichworts *Quod licet jovi, non licet bovi* – »Was Jupiter erlaubt ist, ist nicht (jedem) Ochsen erlaubt«.

121,19 **Pfund Fleisch:** Anspielung auf Shakespeares Komödie *Der Kaufmann von Venedig*, wo Shylock von seinem Schuldner ein Pfund Fleisch aus dessen Körper verlangt.

121,26 **Unze:** altes Gewichtsmaß, das heute noch in verschiedenen englischsprachigen Ländern verwendet wird.

121,32 **»Wenn dich dein Auge ärgert ... «:** sprichwörtliche Warnung vor Versuchungen in der Bibel.

123,25 **Gloriole:** Heiligenschein.

124,10 **Große Babylonische:** biblischer Topos der »großen Hure« Babylon als Sinnbild des Bösen.

124,34 **perlmutternen Dunst:** metaphorisch für: undurchsichtig, verschwommen.

125,1 **Machinationen:** Machenschaften.

126,9 f. **hippokratischen Eid:** jeder Arzt hat zu schwören, nur zum Wohl des Kranken zu handeln; geht auf den griechischen Arzt Hippokrates (460–370 v. Chr.) zurück.

128,10 **ein Feuerfall:** biblische Metapher für die Apoka-
lypse; hier Anspielung auf den Abwurf der Atombombe über Hiroshima 1945.

131,5 **Auktionierung:** Versteigerung.

131,21 **Luft fliegen:** vgl. Brechts Gedicht *Ulm 1592*.

10. Prüfungsaufgaben mit Lösungshinweisen

Aufgabe 1: Produktive Auseinandersetzung mit einer Figur: Schreiben eines inneren Monologs

Versetzen Sie sich in die Figur Galileis beim Verhör vor dem Inquisitionsgericht: Schreiben Sie einen inneren Monolog, in dem er vor dem Widerruf seine Situation und seine Entscheidung reflektiert.

Lösungshinweise

- **Situierung des Monologs im Handlungsverlauf** (Nacht nach dem großen Verhör und vor der Sitzung am kommenden Tag)
- **Schilderung, wie Galilei seine Situation in der Kerkerhaft und im Verhör erlebt hat durch Auswertung von Textstellen aus der 11. und 12. Szene:**
  - Verhör unter Folterdrohung: »Das Alleräußerste ist, daß man ihm die Instrumente zeigt.« (S. 108)
  - Gefahr der Anwendung der Tortur in Folterkammern: »Dahin, wo sie ihn hinführen, geht man ohne Taschen.« (S. 110)
  - »Er ist 23 Tage im Kerker gesessen. Gestern war das große Verhör.« (S. 110)
  - Trennung von der Tochter, die ihn begleitet hat
  - Enttäuschung, dass ihn der Papst nicht empfangen hat

- **Ausdruck seiner körperlichen, psychischen und geistigen Verfassung (Verbindung von Textbezug mit eigener Fantasie in der Ausgestaltung):**
  - Wirkung der Haft und des Verhörs: »Er mag ein Bett benötigen« (S. 111); »*Eingetreten ist Galilei, völlig, beinahe bis zur Unkenntlichkeit verändert durch den Prozeß*« (S. 113)
  - körperliche Verfassung: der historische Galilei wurde trotz Krankheit inhaftiert: mögliche eigene Phantasie: keine Betreuung durch einen Arzt; behandelt wie ein »Verbrecher«
  - Man führt ihn in die Folterkammer und »zeigt« (S. 108) ihm die Instrumente; das löst Angst vor dem körperlichen Schmerz aus.
  - Angst vor dem Schicksal seiner Tochter
  - Sorge um seine Mitarbeiter, vor allem um Andrea
- **Rationale Auseinandersetzung mit seinen Handlungsalternativen (Textbezug mit eigener Phantasie in der Ausgestaltung):**
  - Motive und Folgen, wenn er nicht widerruft:
    - Einsatz der Folterwerkzeuge, an deren Folgen er sterben kann, oder Verbrennung als Ketzer
    - kann sein wissenschaftliches Werk nicht vollenden
    - mögliche Wirkung auf die Schüler; werden bestätigt in der Überzeugung: »Man kann nicht alles mit Gewalt« (S. 110); Andrea könnte sein Werk fortsetzen
    - mögliche Resonanz in der Welt der Wissenschaft: Stärkung der Vertreter der kopernikanischen Lehre

- möglische öffentliche Resonanz: fördert eine revolutionäre Situation
- Motive und Folgen eines Widerrufs:
  - Bewahrung vor »körperliche[m] Schmerz« (S. 123) und Rettung des Lebens
  - bittere Enttäuschung der Mitarbeiter, vor allem Andreas
  - Sieg der Kirche über die »Vernunft« (S. 34)
  - Hoffnung auf Freiheit oder milde Haftbedingungen, kann vielleicht sein Werk vollenden
- **Schmerzvolles Durchringen zu einem Entschluss:**
  - hängt an seinem Leben aus »Sinnlichkeit« (S. 108) und Erkenntnislust
  - lehnt die Rolle als Märtyrer ab: »Unglücklich das Land, das Helden nötig hat.« (S. 114)
  - entscheidend ist letztlich die Angst vor dem körperlichen Schmerz

Aufgabe 2: Analyse und Interpretation einer Dramenszene mit weiterführendem Schreibauftrag

a) Erschließen und interpretieren Sie die 12. Szene aus Bertolt Brechts Schauspiel *Leben des Galilei*. Arbeiten Sie dabei vor allem die Gesprächsstrategie des Inquisitors heraus.

b) Charakterisieren Sie die Figur des Inquisitors. Ziehen Sie dabei weitere Szenen heran und zeigen Sie auf, welche Rolle dieser im Konflikt Galileis mit der Kirche spielt.

Lösungshinweise

Aufgabenteil a)

- **Stellung der Szene im dramatischen Kontext:**
  - vorausgehende Szene: der Großherzog von Toskana hat offensichtlich einer Auslieferung Galileis an die Inquisition zugestimmt; Galilei wird zum Verhör nach Rom gebracht
  - nachfolgende Szene: Mitarbeiter Galileis und dessen Tochter warten auf das Ergebnis der Sitzung der Inquisition, in der Galilei widerrufen soll
  - kompositorische Funktion: Konfliktsituation des Papstes, der als Wissenschaftler Galilei für einen großen Physiker hält, aber in seiner Rolle als Oberhaupt der Kirche sich nicht gegen die Institution der Inquisition stellen kann; Kompromiss: Galilei darf durch die Folterinstrumente in Angst versetzt, aber nicht gefoltert werden
  - kompositorische Vernetzung mit der Charakterisierung des Kardinals Barberini und des Inquisitors in der 7. Szene
- **Situativer Rahmen:**
  - Audienz des Inquisitors beim Papst, der für die Ausübung seines Amtes angekleidet wird (Ornat als feierliche Amtskleidung); mit dem Ankleiden wird symbolisch der Rollenkonflikt zwischen Wissenschaftler und Oberhaupt der Kirche deutlich, der mit der Anpassung an den Rollenzwang endet
  - vor dem Gemach das »Geschlurfe vieler Füße« (S. 105), das den Papst nervös macht; nach der Äußerung des

Inquisitors Vertreter der Wissenschaft und der Geist-
lichkeit, die auf eine Entscheidung im Konflikt zwischen der neuen Lehre und der Kirche warten

- **Rollenkonstellation, Erwartungshaltungen und Intentionen:**
  - Papst als Oberhaupt der Kirche entscheidet, ob und mit welchen Mitteln die Inquisition gegen Galilei vorgehen darf.
  - Trotzdem ist die Rollenkonstellation symmetrisch, die Figuren stehen sich auf gleicher Augenhöhe gegenüber; der Papst ist sich der institutionellen Macht der Inquisition bewusst; der Inquisitor weiß, dass der Papst Inhaftierung und Verhöre nicht einfach verbieten kann, weil er damit die Autorität der Inquisition in Frage stellen würde.
  - Der Inquisitor erwartet die Zustimmung des Papstes, der Papst erwartet eine Kompromissbereitschaft des Inquisitors.
- **Dialogstruktur (thematischer Aufbau, Verlauf, Ergebnis):**
  - Art des Dialogs: Überredungsgespräch, um eine bestimmte Entscheidung zu erreichen
  - Struktur wird bestimmt durch die ungleiche Verteilung der Redeanteile; im Mittelpunkt steht die ausführliche Darlegung der Sichtweise des Kardinal Inquisitors, der die Gefährlichkeit des »Zweifels« (S. 105) und des kopernikanischen Weltbilds darlegt.
  - Thematischer Aufbau:
    - Der Papst lehnt Verhöre vehement ab, weil er als Wissenschaftler von der Richtigkeit der Position

Galileis überzeugt ist (»Ich lasse nicht die Rechentafel zerbrechen. Nein!«, S. 105).

- · längere Argumentation des Inquisitors, indem er die Folgen des neuen Weltbilds darlegt: revolutionäre Sprengkraft des Zweifels, Kritik an der Politik der Kirche, theologische Folgen, Verbreitung der Lehre durch Schreiben in der Volkssprache)
- · argumentative Auseinandersetzung über praktische Bedeutung des neuen Weltbilds (»Sternkarten«, S. 107)
- · Einschätzung von Galileis »Sinnlichkeit« (S. 108) als Schwachstelle in seinem Widerstand
- · indirekte Kritik Galileis am alten Weltbild im *Dialogo*
- · Kompromiss
- – Verlauf: von der scheinbar entschiedenen Ablehnung der Verhöre durch den Papst bis zum Kompromiss
- – Ergebnis: Folterinstrumente dürfen nur als Drohung eingesetzt werden
- **Gesprächsstrategie und Gesprächsverhalten:**
  - – Struktur und Verlauf des Gesprächs sind bestimmt durch die **Gesprächsstrategie des Inquisitors.**
  - – betont die Verantwortung des Papstes bei der Verteidigung der Kirche und des Glaubens gegenüber den Gefahren des neuen Weltbilds: Hoffnung der Wartenden
  - – führt dem Papst die Folgen der Haltung des »Zweifels« (S. 105) vor, welche die Hierarchie der sozialen Ordnung ebenso gefährdet wie den Glauben an Gott
  - – entkräftet den Widerspruch zwischen der Verdam-

mung der Lehre und dem Akzeptieren neuer Sternkarten: »Man kann nichts anderes.« (S. 107)
– nutzt die Schwachstellen der Position des Papstes geschickt aus, die durch den »Zweifel« (S. 105) aufge-
deckt werden können:
  · politisches Eingreifen in europäische Kriege
  · der Papst hat den Druck des *Dialogo* zunächst er-
    laubt, ohne seine Wirkung richtig einzuschätzen
– nutzt das »Geschlurfe« (S. 107) vieler Füße als Druck-
  mittel
– Das Gesprächsverhalten des Papstes ist eine schwä-
  cher werdende Verteidigungshaltung; er setzt sich
  nicht mit den dargelegten gefährlichen Folgen der
  Lehre auseinander, sondern reagiert nur in einer Art
  Rückzugsgefecht durch Zugeständnisse (»schlechte[r] Geschmack« [S. 107], in der Volkssprache zu publizieren; »Unverschämtheit« [S. 108], für die Verteidigung des alten Weltbilds eine »dumme[]« [S. 108]
  Figur zu wählen) und Hinweis auf das negative
  Image der Kirche bei einem Prozess.
• **Sprachliche Gestaltung des Dialogs:**
  – Merkmale der Figurenrede des Papstes:
    · erregte Ausrufe: »Nein! Nein! Nein!« (S. 105)
    · scheinbar entschiedene Statements (»Ich lasse
      nicht die Rechentafel zerbrechen«, S. 105; »Hand
      weg von ihm!«, S. 107)
    · Häufung von Kurzsätzen zur negativen Wirkung
      des Prozesses (»Er hat Freunde. Da ist Versailles.
      Da ist der Wiener Hof«, S. 107)
    · Verstärkung der scheinbaren Entschiedenheit

durch Ich-Aussagen (»Und ich will keine Verurteilung physikalischer Fakten«, S. 108)
- irritierte Fragen (»Was ist das jetzt wieder?«, S. 108; »Kommt denn die ganze Welt?«, S. 108)
– Merkmale der Figurenrede des Inquisitors:
  - rhetorische Frage als Reaktion auf das »Nein!« (S. 105)
  - argumentationslogische Verknüpfung der Darlegung (»Aber es ist nicht die Rechentafel. Sondern […]«, S. 150; »Andererseits«, S. 105); gedanklich steuernde Fragen (»[…] was sollen es für Wunder sein?« (S. 107); »Zum Beispiel« (S. 107)
  - negative Attribuierungen (»Würmer von Mathematikern«, S. 106; »Dieser schlechte Mensch«, S. 107)
  - rhetorische Figuren (syntaktischer Parallelismus: »Er verhetzt die einen und besticht die andern«, S. 107)

Aufgabenteil b)
- **Funktion im Handlungszusammenhang und im Konflikt zwischen Galilei und der Kirche:**
  - Der Inquisitor ist der eigentliche Gegenspieler Galileis, der im Hintergrund die Fäden im Konflikt zwischen Galilei und der Kirche spinnt.
  - lässt sich am Ende der 6. Szene im Collegium Romanum zum Fernrohr führen
  - in seiner Stellung als Leiter der Inquisition in Rom ordnet er die Überwachung Galileis und seine Vorladung zu Verhören vor dem Inquisitionsgericht an: Sekretäre beobachten Galilei auf dem Ball und proto-

kollieren das Gespräch zwischen diesem und den Kardinälen, das ihm ausgehändigt wird; in der 11. Szene wird Galilei beim Warten auf den Großherzog durch ein »*Individuum*« (S. 111) beobachtet und verfolgt

– erkundigt sich nach dem Beichtvater Virginias, der als Vermittler von Informationen instrumentalisiert wird

- **Konzeption der Figur:**
  – Repräsentant des Autoritäts- und Machtanspruchs der Kirche
  – spielt geschickt verschiedene Rollen: als galanter Unterhalter im Gespräch mit der Tochter, als kühler Stratege bei der Überredung des Papstes
  – kein individualisierter Charakter, sondern Typus

- **Merkmale, Eigenschaften, Verhaltensweisen:**
  – Charakterisierung des Äußeren: »hochgewachsen[en]« (S. 63)
  – Auftreten umgibt eine Aura der Autorität und Macht (Auftreten im Collegium Romanum und auf dem Ball)
  – befehlende Haltung im Umgang mit den Sekretären
  – beherrscht den charmanten Konversationston im Gespräch mit Virginia: Glückwunsch zur Verlobung, indirektes Kompliment ihrer Schönheit (»entzückenden Hals«, S. 72)
  – sprachlich-rhetorisch geschickt in der Darstellung der Unterschiede zwischen den Weltbildern: bildhaft, ironisch, überlegene Distanz gegenüber dem Konflikt

– weist Virginia darauf hin, dass Galilei sie »brauchen« (S. 73) wird, und deutet damit bereits das Vorgehen der Inquisition gegen Galilei an

- **Motive, Intentionen:**
  – Das zentrales Motiv ist der Machterhalt der Kirche, die als politische und geistliche »Obrigkeit« (S. 21) durch das neue Weltbild bedroht ist.
  – kein Erkenntnisinteresse an der wissenschaftlichen »Wahrheit« (S. 38), sondern diplomatischer Umgang mit den ökonomischen Interessen an neuen Sternkarten
  – theologisches Weltbild wichtig für den Erhalt eines Glaubens, der die Aufrechterhaltung der Machtstellung der Kirche und der politisch-gesellschaftlichen Ordnung garantiert

Aufgabe 3: Analyse und Interpretation einer Textstelle mit einem Erörterungsauftrag

a) Erschließen und interpretieren Sie die Selbstverurteilung Galileis in der 14. Szene aus Bertolt Brechts Schauspiel *Leben des Galilei*. Gehen Sie dabei auf die Argumentation und die sprachlich-rhetorische Gestaltung ein.

b) Erörtern Sie die Deutung eines Literaturwissenschaftlers, der »ideologisch-moralisierende Schlußpunkt« widerspreche dem »Geist des dramatischen Vorgangs«.[1]

1 Sautermeister, »*Leben des Galilei*. Zweifelskunst, abgebrochene Dialektik, blinde Stellen« (s. Anm. 43), S. 51–92.

Lösungshinweise

Aufgabenteil a)
- **Situativer Rahmen:**
  - Andrea, der in Holland wissenschaftlich arbeiten will, besucht Galilei vier Jahre nach dessen Widerruf in Arcetri, weil ihm angeblich ein holländischer Wissenschaftler aufgetragen hat, sich nach seinem »Befinden zu erkundigen« (S. 119); er tritt Galilei »kühl« (S. 119) gegenüber.
  - Das Gespräch wird zunächst von Virginia und einem Mönch überwacht, wodurch vor allem das Gesprächsverhalten Galileis beeinflusst wird, der seine scheinbare »Reue« (S. 119) betont.
  - Mit seiner Selbstverurteilung nimmt Galilei Stellung zur Rechtfertigung des Widerrufs durch Andrea, nachdem er ihm eine verborgene Abschrift der »Discorsi« gegeben hat.
- **Rollenkonstellation (Erwartungshaltungen und Positionen):**
  - Nach dem Widerruf hat sich das Verhältnis zwischen Galilei und seinem ehemaligen Schüler grundlegend verändert: »Er war sein Schüler. So ist er jetzt sein Feind.« (S. 118)
  - Andreas »kühl[e]« Haltung kommt vor allem im ersten Teil des Gesprächs zum Ausdruck, in dem es um die Wirkung von Galileis Widerruf geht, die zu einem »Rückschlag« (S. 119) für die Vertreter des neuen Weltbilds wurde; er geht zunächst davon aus, dass Galilei die »Discorsi« nicht zu Ende geschrieben hat.

- Galilei nützt den Besuch, um heimlich eine Abschrift der »Discorsi« über die Grenze zu schmuggeln.
- Andreas Haltung gegenüber Galilei und seine Verurteilung des Widerrufs ändern sich erst, als er erfährt, dass Galilei die »Discorsi« zu Ende geschrieben und heimlich eine Abschrift angefertigt hat (S. 121).
- Andrea sieht im Widerruf nun eine Taktik, um weiter am Fortschritt der Wissenschaft zu arbeiten; er rechtfertigt diese als »neue Ethik« (S. 122) im Gegensatz zu seiner moralischen Verurteilung des Widerrufs; er rechtfertigt selbst einen Widerruf aus Angst vor dem körperlichen Schmerz (»Menschliche Schwächen gehen die Wissenschaft nichts an«, S. 124).
- Er vertritt die Position einer Wissenschaft, der es nur um den »wissenschaftlichen Beitrag« (S. 124) zum Erkenntnisfortschritt geht.
- Dieser Position stellt Galilei in der Selbstverurteilung die soziale Verantwortung der Wissenschaft gegenüber.
- Andrea ist erschüttert durch die »mörderische Analyse« (S. 127).
- **Selbstverurteilung (Argumentation und sprachlich-rhetorische Gestaltung):**
  - Sprechhaltung: »akademisch« (S. 124); Darlegung der Position als Lehre, die sich vordergründig an Andrea richtet, aber auf die Urteilsbildung des Lesers zielt
  - thematischer Aufbau:
    · Auffassung von der Wissenschaft als Ergebnis eines längeren Nachdenkens über die wissenschaftliche Beurteilung seines Falls

- Gegensatz zwischen dem »Wissen, gewonnen durch Zweifel« (S. 124) und dem Interesse der Mächtigen, die das Volk durch Glauben und Ideologie in Unwissenheit halten
- »Kunst des Zweifelns« (S. 125) deckt die Ursachen des Elends auf und führt dadurch zum Vorgehen der Obrigkeit gegen die neue Wissenschaft
- zwei »Kämpfe[]« (S. 125) der Wissenschaft: die Durchsetzung von Wissen und die Unterstützung des Volkes
- einziges Ziel: »Mühseligkeit der menschlichen Existenz zu erleichtern« (S. 125)
- Wissenschaft im Dienst der Macht wird zur Bedrohung der Menschheit
- Widerstand hätte zu einer moralischen Verantwortung der Wissenschaftler geführt
- keine wirkliche Bedrohung durch die Inquisition
- Verrat des Berufs

– Argumentation und sprachlich-rhetorische Gestaltung:

- induktiver Aufbau: schrittweise Hinführung zur Position: moralische Verantwortung des Wissenschaftlers, die bildlich in dem »hippokratischen Eid« (S. 126) zum Ausdruck kommt
- Argumentation besteht in der Abfolge von thesenhaften Aussagen; Verstärkung der Position als ›Ich-Botschaft‹: »Ich halte dafür, daß [...]« (S. 125)
- Verwendung von Beispielen: Parallele zwischen dem »Handel mit Wolle« und dem Handel mit »Wissen« (S. 124)

- Vergleiche: »Das Elend der Vielen ist alt wie das Gebirge« (S. 125)
- bildhafte Sprache: »perlmutternen Dunst von Aberglauben« (S. 124)
- abwertende Attribuierungen: »Wissenschaft zum Krüppel gemacht« (S. 125); »Geschlecht erfinderischer Zwerge« (S. 126)

Aufgabenteil b)

- **Deutungsthese Gert Sautermeisters untersuchen:**
  - Selbstverurteilung Galileis als »ideologisch-moralisierender Schlußpunkt«:
    - Begriffsanalyse: Abwertung der moralischen Sichtweise Brechts, die dieser seiner Figur in den Mund legt, als »ideologisch«, d. h. durch eine bestimmte Ideologie geprägt, die als Denkgebäude und Weltbild die Sicht der Wirklichkeit steuert
    - Schlusspunkt widerspreche »dem Geist des dramatischen Vorgangs«: er ergibt sich damit nicht schlüssig aus der Charakterisierung der Figuren und dem Handlungsverlauf
- **Vergleich mit der eigenen Sichtweise:**
  - mögliche eigene Sichtweisen:
    - Die Forderung einer moralischen Verantwortung ist im Blick auf die Entwicklung der modernen Wissenschaft (z. B. Gentechnik) aktuell.
    - Eine moralische Verantwortung individualisiert das Problem und entspricht nicht den heutigen Forschungsbedingungen.

- · Schlusspunkt entspricht nicht der eigenen positiven Sichtweise der Figur.
- **Deutungsthese überprüfen: Pro- und Kontra-Argumente:**
  - Pro-Argumente:
    - · Eine Moral, die individuellen Widerstand fordert, widerspricht Brechts dialektisch-materialistischem Denken.
    - · Die möglichen Wirkungen eines heroischen Festhaltens an der Wahrheit auf die Entwicklung der Wissenschaft werden völlig überschätzt.
    - · Galilei wird in den vorausgehenden Szenen als eine eher positive Figur gezeichnet, die den Anbruch einer »neuen Zeit« (S. 12) verkörpert und durch ihre Vitalität und ihre Erkenntnislust beim Leser Sympathie hervorruft; dem steht die von Brecht intendierte negative Sichtweise unvermittelt gegenüber.
    - · Handlungsalternativen werden nur durch das Auftreten der Figur des Eisengießers und die Karnevalsszene angedeutet, haben aber zu wenig dramaturgisches Gewicht.
  - Kontra-Argumente:
    - · Die moralische Forderung nach einer Verantwortung wird angesichts der atomaren Bedrohung in der Nachkriegszeit auch von Wissenschaftlern und in der öffentliche Diskussion vertreten, ist also keine »Ideologie«.
    - · Galileis Schwäche ist seine »Sinnlichkeit« (S. 108), die sich als Motiv durch das Drama zieht und in der

14. Szene noch einmal vor Augen geführt wird; der Widerruf aus Schwäche ist damit durch Elemente der Komposition vorbereitet.

- **Mögliche eigene Sichtweise:**
  - Die moralische Verurteilung ist nicht ideologisch, zeigt aber Widersprüche Brechts: Rechtfertigung von strategischer List und ethischen Normen.
  - Die Selbstverurteilung ergibt sich zu wenig schlüssig aus der Entwicklung der Figur und dem Handlungszusammenhang: »Das Schauspiel rechtfertigt seinen Helden dreizehn Szenen lang und unterwirft ihn in der vierzehnten der schärfsten Selbstanklage« (Siegrid Löffler, in: *Die Zeit*, Nr. 52, 19. Dezember 1997).

Aufgabe 4: Literarische Erörterung der Form und Gestaltungsweise von Bertolt Brechts *Leben des Galilei*

Nach der Auffassung eines Literaturwissenschaftlers reichen die Gestaltungsmittel des »epischen Theaters« in Brechts *Leben des Galilei* nicht aus, »die Einfühlung der Zuschauer in die Person des Helden zu unterbinden«.[1]

Legen Sie diese Gestaltungsmittel dar, zeigen Sie ihre Funktion im Stück und erörtern Sie die These des Literaturwissenschaftlers.

1 Ernst Schumacher, »Form und Einfühlung«, in: *Brechts »Leben des Galilei«* (s. Anm. 12), S. 155–172, hier S. 163.

Lösungshinweise

- **Gestaltungsmittel des »epischen Theaters« und ihre Funktion:**
  - Zielsetzung des epischen Theaters: Verhinderung einer Einfühlung des Zuschauers in die Figuren und ihr Verhalten in Konfliktsituationen; durch Verfremden sollen die dargestellten Ereignisse und gesellschaftlichen Verhältnisse als historisch und damit veränderbar erscheinen; der Zuschauer soll eine kritisch-reflektierte Haltung einnehmen: »die Verhältnisse sind anders vorstellbar, als sie sind« (Brecht)
  - Gestaltungsmittel: Kommentare (z. B. gesungen von einem Chor), Songs und Lieder, Musik, Projektionen, Spruchbänder u. a.
  - verfremdende Darstellung des Schauspielers: Distanz zu seiner Rolle
- **Verfremdungseffekte im *Galilei* und ihre Funktion:**
  - den Szenen vorangestellte Überschriften oder »Titel«; sie informieren knapp über das Geschehen, so dass sich die Aufmerksamkeit des Zuschauers nicht gespannt auf den Handlungsablauf, sondern auf das Verhalten der Figuren richtet
  - Vorangestellte kommentierende Verszeilen (von einem Kinderchor zur Musik Eislers gesungen) weisen in pointierter Form auf den Problemgehalt hin.
  - Masken der Kardinäle in der 7. Szene machen das Rollenspiel bewusst.
  - Karnevalsszene als Kommentar zur sozialrevolutionären Wirkung des neuen Weltbilds

- **Auseinandersetzung mit der These von Schumacher:**
  - Pro-Argumente:
    - Verfremdungseffekte ermöglichen zwar eine Distanz gegenüber dem dargestellten Geschehen, verhindern aber keine positive Sichtweise der Figur des Galilei und seines Kampfes für den »Fortschritt« des Wissens in den Szenen 1–9.
    - Die epigrammatischen Kommentare zielen nicht auf ein negatives Bild der Figur.
    - Die Karnevalsszene vermittelt ein positives Bild des »Bibelzertrümmerer[s]« (S. 98).
    - Das Auftreten Galileis in der 13. Szene nach dem Widerruf weckt eher Mitgefühl als Kritik.
  - Kontra-Argumente:
    - Die Verfremdungseffekte ermöglichen eine kritische Distanz auch gegenüber dem Verhalten Galileis.
    - Der Blick kann sich stärker auf die negativen Seiten der Figur richten, z. B. Verhalten gegenüber Virginia, Erkenntnisdrang als »Laster«.
- **Mögliche eigene Sichtweise:**
  - Wichtiger als die Verfremdungseffekte ist die dialektische Gestaltung als Strukturprinzip, das die Widersprüche Galileis verdeutlicht.
  - Die Selbstverurteilung wirkt durch den akademischen Gestus zu wenig authentisch und kann auch kritisch beurteilt werden.

11. Literaturhinweise/Medienempfehlungen

Textausgaben

Bertolt Brecht: Leben des Galilei. Schauspiel. Frankfurt a. M.: Suhrkamp, 1963. [77]2016. (edition suhrkamp. 1.)

Bertolt Brecht: Leben des Galilei. Schauspiel. Mit einem Kommentar von Dieter Wöhrle. Frankfurt a. M.: Suhrkamp, 1998. (Suhrkamp BasisBibliothek. 1.)

Bertolt Brecht: Gesammelte Werke [in 20 Bänden]. Hrsg. vom Suhrkamp Verlag in Zsarb. mit Elisabeth Hauptmann. Bd. 3: Stücke 3. Frankfurt a. M.: Suhrkamp 1967. S. 1229–1345.

Bertolt Brecht: Werke. Große kommentierte Berliner und Frankfurter Ausgabe. Hrsg. von Werner Hecht [u. a.]. und Jan Knopf. Stücke 5. Bearb. von Bärbel Schrader und Günther Klotz. Berlin/Weimar: Aufbau-Verlag; Frankfurt a. M.: Suhrkamp, 1988. S. 187–289. [Kommentar: S. 331–449.]

Zu Autor und Werk

Knopf, Jan: Brecht-Handbuch. Theater. Eine Ästhetik der Widersprüche. Stuttgart 1980.

– Bertolt Brecht. Stuttgart 2000 (Reclams-Universal-Bibliothek. 17619.)

Müller, Klaus-Detlef (Hrsg.): Bertolt Brecht. Epoche – Werk – Wirkung. München 2009. [Zuerst: 1985.]

Zur Interpretation von *Leben des Galilei*

Hecht, Werner (Hrsg.): Brechts *Leben des Galilei*. Frankfurt a. M. 1981 [u. ö.].

– (Hrsg.): Materialien zu Brechts *Leben des Galilei*. Frankfurt a. M. ⁸1972. [¹1963.]

Knopf, Jan: Bertolt Brecht: *Leben des Galilei*. Sichtbarmachung des Unsichtbaren. In: Interpretationen. Dramen des 20. Jahrhunderts. Bd. 2. Stuttgart 1996. (Reclams Universal-Bibliothek. 9461.) S. 7–26.

Langemeyer, Peter: Erläuterungen und Dokumente. Bertolt Brecht: *Leben des Galilei*. Stuttgart 2001. (Reclams Universal-Bibliothek. 16020.)

Lehmann, Hans-Thies: Brechts *Galilei*. In: H.-T. L.: Brecht lesen. Berlin 2016. S. 203–221.

Mayer, Hans: Galilei und Brecht und die Folgen. In: H. M.: Brecht. Frankfurt a. M. 1996. S. 378–397.

Mittenzwei, Werner: Bertolt Brecht. Von der *Maßnahme* zu *Leben des Galilei*. Berlin/Weimar 1962.

Müller, Klaus-Detlef: Bertolt Brechts *Leben des Galilei*. In: Geschichte als Schauspiel. Deutsche Geschichtsdramen. Interpretationen. Hrsg. von Walter Hinck. Frankfurt a. M. 1981. S. 240–253.

Nägele, Rainer: Zur Struktur von Brechts *Leben des Galilei*. In: Der Deutschunterricht 23 (1971) H. 1. S. 86–99.

Rohrmoser, Günther: Brecht. *Das Leben des Galilei*. In: Das deutsche Drama. Vom Barock bis zur Gegenwart. Interpretationen. Bd. 2. Hrsg. von Benno von Wiese. Düsseldorf ²1960. S. 401–414.

Sautermeister, Gert: *Leben des Galilei*. Zweifelskunst, abgebrochene Dialektik, blinde Stellen. [3. Fassung 1955/56.] In: Interpretationen. Brechts Dramen. Hrsg. von Walter Hinderer. Stuttgart 1984. (Reclams Universal-Bibliothek. 8813.) S. 51–92.

Schumacher, Ernst: Drama und Geschichte. Bertolt Brechts *Leben des Galilei* und andere Stücke. Berlin 1965.

Thomsen, Frank / Müller, Hans-Harald / Kindt, Tom: Ungeheuer Brecht. Eine Biographie seines Werks. Göttingen 2006. S. 208–236.

Verfilmung und Hörbuch

Das Leben des Galilei. TV-Spielfim 1961 (ARD). Regie und Drehbuch: Egon Monk.

Bertolt Brecht: Das Leben des Galilei. DDR-TV Archiv. DVD 2018. [Verfilmung der Inszenierung von Manfred Wekwerth und Joachim Tenschert am Berliner Ensemble 1978 mit Ekkehard Schall in der Hauptrolle.]

Bertolt Brecht: Leben des Galilei. Hörbuch. Ungekürzte Ausgabe. 3 CDs mit ausführlichem Booklet. Erzähler: Christian Bergmann [u. a.]. Amor Verlag 2014.

Bertolt Brecht: Leben des Galilei. Hörspiel. Erzähler: Hermann Schomberg [u. a.]. Der Audio Verlag 2018. [Mit der Musik Hanns Eislers.]

12. Zentrale Begriffe und Definitionen

Antithese: Gegenbehauptung, Gegensatz; der These entgegengestellte Behauptung
➤ S. 64

Bauformen des Dramas: In der Entwicklungsgeschichte des Dramas lassen sich zwei Grundtypen der kompositorischen Struktur erkennen:

1. Die **geschlossene Form,** die durch einen strengen tektonischen Aufbau in Akte und Szenen gekennzeichnet ist und in der klassischen Tragödie in der Form einer Pyramide von der Exposition über den Höhepunkt zur Katastrophe führt. Die einzelnen Szenen sind dabei Bauelemente, die der Hierarchie der Akte untergeordnet sind. Der Handlungsgang entwickelt sich aus thematisch komponierten Dialogen, in denen die äußeren und inneren Konflikte sowie die Bewusstseinsprozesse der Figuren deutlich werden.

2. Die **offene Form,** in der relativ selbständige Szenen aufeinander folgen, die häufig durch wiederkehrende Motive, Bilder und Metaphern verknüpft sind. In der chronikartigen Reihenfolge entspricht Brechts *Galilei* dieser Form, hat aber durch die Bedeutung der Hauptfigur und die Dialoggestaltung auch eine Nähe zur geschlossenen Form.
➤ S. 56

Berliner Ensemble: Bezeichnung für das von Bertolt Brecht und seiner Frau Helene Weigel 1949 in Ost-Berlin gegründete Theaterprojekt, seit 1954 im eigenen Haus, dem Theater am Schiffbauerdamm. Brecht bekam damit die

Möglichkeit, seine theoretischen und praktischen Vorstellungen von der Programmgestaltung über die Regiearbeit bis zur Bühnengestaltung zu erproben und umzusetzen. Eine Aufführung des *Galilei* bereitete er in intensiver Probenarbeit vor, konnte diese aber aus gesundheitlichen Gründen nicht mehr zu Ende führen. Sie fand 1957 unter der Regie von Erich Engel statt und wurde vor allem durch Ernst Busch, der den Galilei spielte, ein großer Erfolg. Brechts Idee einer kollektiven künstlerischen Produktion wurde nach seinem Tode von Helene Weigel als Leiterin fortgesetzt. Weitere Inszenierungen: 1978 der dänischen Fassung unter der Regie von Manfred Wekwerth, 1997 der 3. Fassung unter der Regie von B. K. Tragelehn mit Josef Bierbichler in der Hauptrolle.

▶ S. 37, 40, 76 f., 80, 98, 101 f.

Dialektik: in der griechischen Philosophie zunächst eine Methode, durch Fragen und Antworten zu einem Erkenntnisfortschritt zu gelangen; später dann, u. a. bei dem deutschen Philosophen Georg Wilhelm Friedrich Hegel (1770–1831), die Lehre von den Gegensätzen in Dingen und Begriffen und deren Aufhebung (These – Antithese – Synthese). Im dialektischen Materialismus von Karl Marx (▶ Marxismus) ist die Dialektik nicht nur ein Prinzip des Erkennens, sondern die Grundstruktur der ökonomisch-gesellschaftlichen Entwicklung, die sich aus den Widersprüchen zwischen Produktivkräften und Produktionsverhältnissen ergibt und in den Kämpfen zwischen den gesellschaftlichen Klassen zum Ausdruck kommt. Brecht setzt sich seit Mitte der 1920er Jahre mit dem dialektischen Materialismus auseinander und sieht im dialektischen Denken die geeignete Methode, gesellschaftliche Verhältnisse zu analysieren und in seinen Stücken darzustellen.

➤ S. 12 f., 61, 63 f., 73, 80, 82, 98

Episches Theater: Bezeichnung Brechts für eine Form des Dramas und Theaters, die er in der zweiten Hälfte der 1930er Jahre als Gegensatz zur »dramatischen Form des Theaters« entwickelt, die er im Blick auf die Tragödientheorie des griechischen Philosophen Aristoteles auch als »aristotelisches Drama« bezeichnet. Brecht kritisiert an dieser Form des Dramas, dass sie auf die »Einfühlung« des Zuschauers abzielt, der die Konflikte, Gedanken und Gefühle des Protagonisten miterlebt und dessen »Schicksal« als gegeben hinnimmt. Brecht möchte dagegen durch die Verwendung »epischer« Darstellungsmittel erreichen, dass der Zuschauer das Geschehen und die Figuren durch »Verfremdung« distanziert wahrnimmt und alternative Verhaltensweisen erkennt. Damit bekommt das epische Theater die politische Funktion, gesellschaftliche Verhältnisse durchschaubar zu machen und als veränderbar darzustellen. Im Unterschied zum aristotelischen Drama verwendet Brecht nicht einen geschlossenen tektonischen Aufbau, sondern die Einzelszenen oder Bilder folgen, verbunden durch thematische und motivische Verknüpfung, teilweise im Chronikstil nebengeordnet aufeinander (➤ Bauformen des Dramas). Mittel der Verfremdung sind u. a. Kommentare der Handlung und des Verhaltens der Figuren, Songs, Chöre oder Spruchbänder. Später verwendete Brecht für seine Theaterarbeit den Begriff des »dialektischen« Theaters (➤ Dialektik), um die Darstellung von Widersprüchen zu betonen, die vom Zuschauer die Entwicklung eines verändernden Denkens verlangen.

➤ S. 11, 13, 62 f., 66, 79, 95, 100

Figurenkonstellation: Beziehungsgeflecht, in dem die Figuren eines literarischen Werks zueinander stehen und aus dem sich die Konflikte ergeben. Das Geflecht ergibt sich aus personalen Beziehungen (familiäre Rollen, Liebe, Freundschaft usw.), Rollenbeziehungen und politisch-gesellschaftlichen Strukturen (Konflikt zwischen altem und neuem Weltbild im *Galilei*). Im *Galilei* steht die Hauptfigur (Protagonist) in einer Konstellation zwischen Helferfiguren und Gegenspielern, die sich aus dem zentralen Konflikt ergibt.

➤ S. 36–40, 82, 86

Figurenkonzeption: Gestaltungsweise von literarischen Figuren, z. B. als individuelle Charaktere oder als Typen, als statisch in ihren Eigenschaften oder entwicklungsfähig, als identisch oder widersprüchlich in ihrem Verhalten. Brecht wollte bereits in seinen frühen Dramen die Vorstellung von der Einheit des Charakters abbauen und die Figuren in ihrem Verhalten zeigen. Im *Galilei* zeichnet er deshalb den Protagonisten nicht wie im klassischen Drama in seinem inneren Konflikt, sondern in den unterschiedlichen und teilweise widersprüchlichen Verhaltensweisen in den verschiedenen Situationen und in der Interaktion mit den anderen Figuren.

➤ S. 34 f.

Geschichtsdrama: dramatisches Genre, das einen historischen Stoff behandelt, in dem meist eine geschichtliche

Person in ihrer Auseinandersetzung und ihrem Kampf mit Gegenspielern oder gesellschaftlichen Gruppen im Mittelpunkt steht. Die Darstellung des Geschehens hängt von der Auffassung von geschichtlichen Prozessen und der Wirkungsabsicht des Autors ab, der sich mehr oder weniger an die Fakten halten oder Ereignisse und Verhaltensweisen abwandeln kann. *Leben des Galilei* kann insofern zu diesem Genre gerechnet werden, als Brecht sich an dem Fall des historischen Galilei orientiert. Es geht ihm dabei aber nicht um die historische Wahrheit, sondern dieser Fall wird für ihn zum Modell für Probleme seiner Gegenwart: in der 1. Fassung um Widerstandsmöglichkeiten von Intellektuellen in der Zeit des Faschismus, in der 2. amerikanischen Fassung um die Verantwortung von Wissenschaftlern beim Bau der Atombombe, in der 3. Fassung um die Bearbeitung eigener Konflikte in der kritischen Auseinandersetzung mit der Parteiideologie bzw. dem Staatsapparat der DDR.

➤ S. 9, 67

Inversion: Umkehrung der üblichen Wortstellung im Satz, um eine besondere Betonung zu erreichen.

➤ S. 64

Lehrstück: von Brecht Ende der 1920er Jahre in der Zusammenarbeit mit Komponisten entwickelte experimentelle Form des Theaters, das im Gegensatz zum »kulinarischen« Theater- und Opernbetrieb nicht nur Lernprozesse des Zuschauers, sondern vor allem der Schauspieler selbst in Gang setzen will. Gezeigt werden Verhaltensweisen, an denen Probleme der Beziehung von Individuum und Kollektiv thematisiert werden und die auf einen Abbau der bürgerlichen Vorstellung von »Persönlichkeit« zugunsten der »Anlage einer vielschichtigen Person« zielen.

➤ S. 41, 95 f.

Marxismus: die von dem deutschen Philosophen, Ökonomen und Schriftsteller Karl Marx (1818–1883) begründete Theorie zur Analyse und Erklärung gesellschaftlicher, ökonomischer und ideologischer Entwicklungen und Zusammenhänge. Er sah die geschichtliche Entwicklung bedingt durch Klassenkämpfe, die sich aus dem ungleichen Besitz von Produktionsmitteln und der Ausbeutung der menschlichen Arbeitskraft ergeben und im »Kapitalismus« ihren Höhepunkt erreichen. Nach dieser Theorie war der Faschismus in Form der Herrschaft des Naziregimes nur eine ideologisch verschleierte Form des Kapitalismus. Dieser soll in einer sozialistischen Gesellschaft durch die Abschaffung des Privateigentums an Produktionsmitteln überwunden werden. Brecht übernahm seit Ende der 1920er Jahre Grundzüge der marxistischen Sichtweise des Kapitalismus und Faschismus, wurde aber nie Mitglied einer kommunistischen Partei und bewahrte vor allem in Fragen der Kunst und Literatur eine undogmatische Position, die in seiner Distanz gegenüber der Kulturpolitik der SED deutlich wurde.

➤ S. 12, 61, 76, 79

Motiv: wiederkehrendes thematisches Bauelement eines einzelnen literarischen Textes, im Werk eines Schriftstellers, in Gattungen (z. B. Märchen, Lyrik) oder literaturgeschichtlichen Epochen. Durch Motive können Sinnzusammenhänge in einem Text verdeutlicht und Situationen oder Szenen verknüpft werden. Dinghafte Motive sind im *Galilei* z. B. die Milch und das Fernrohr, ein wichtiges thematisches Motiv ist das Sehen.

➤ S. 58–60, 88

Parabelstück: dramatisches Genre, das wie die epische Kurzform der Parabel ein erfundenes Geschehen so darstellt, dass der Leser es auf einen anderen Wirklichkeitsbereich übertragen kann und durch die analogen Zusammenhänge zu Einsichten gelangt. In Brechts Stück *Der gute Mensch von Sezuan* soll der Zuschauer an der Spaltung der fiktiven Hauptfigur in den guten Menschen Shen Te und den Ausbeuter Shui Ta durch Übertragung die Strukturen und Widersprüche der kapitalistischen Gesellschaft erkennen. Als Parabelstücke werden meist auch Dürrenmatts Drama *Die Physiker* oder Frischs *Andorra* angesehen.

➤ S. 36

Parallelismus: ›Gleichlauf‹; Verwendung des gleichen Bauschemas bei mindestens zwei aufeinanderfolgenden Satzarten oder Wortfolgen, um deren Aussagen nachdrücklicher wirken zu lassen.

➤ S. 57, 64 f.

Schauspiel: seit dem 16. Jh. Bezeichnung für das Drama, seit dem 18. Jh. im engeren Sinne eine dramatische Gattung als Zwischenform zwischen Tragödie und Komödie, in der tragische Konflikte durch die Entwicklung der Figuren überwunden und zu einer glücklichen Lösung geführt werden. Bekannte klassische Schauspiele sind Lessings *Nathan der Weise*, Goethes *Iphigenie* oder Schillers *Wilhelm Tell*. Brecht verwendet diese Gattungsbezeichnung auch für die Stücke *Im Dickicht der Städte*

(1923), *Die heilige Johanna der Schlachthöfe* (1931) und *Die Mutter* (1932).

➤ S. 7

Szene: im antiken Theater die Bühne als Spielort des dargestellten Geschehens; im dramentechnischen Sinne ein Abschnitt innerhalb der Dramenhandlung, der durch eine Situation und das Auf- und Abtreten der Figuren abgegrenzt ist (deshalb auch die Bezeichnung »Auftritt«). Vor allem im geschlossenen Drama sind die Szenen den größeren Aufbaueinheiten der Akte untergeordnet. In der offenen Form des modernen Theaters und im epischen Theater haben Szenen dagegen eine relative Selbständigkeit und werden oft auch als »Bilder« bezeichnet (➤ Bauformen des Dramas). Im *Galilei* folgen die Szenen in einem chronikartigen Bilderbogen aufeinander.

➤ S. 15, 55–57

Verfremdungseffekt: Gestaltungsmittel des epischen Theaters (➤ episches Theater), das das Dargestellte nicht als selbstverständlich und bekannt erscheinen lässt, sondern als überraschend und fremd, und damit einen Denk- und Reflexionsprozess ermöglicht. Ein wichtiges Verfahren der Verfremdung ist im *Galilei* das **Historisieren,** wodurch zum einen die Gegenwart am geschichtlichen Modell erkannt werden soll, zum anderen Strukturen und Prozesse in ihrer Veränderbarkeit gezeigt werden können. Verfremdungseffekte im *Galilei* sind die den Szenen vorangestellten Titel oder Überschriften und die das Geschehen kommentierenden epigrammatischen Verse (Kurzform der Lyrik: Sinngedicht). Eine wichtige Technik, um das Dargestellte zu verfremden, ist für Brecht eine »gestische« Haltung des Schauspielers, die eine Distanz zwischen Figur und Schauspieler schafft, das Geschehen als »Aufführung« bewusst macht und damit eine Einfühlung des Zuschauers verhindern soll.

➤ S. 12, 63 f., 81, 95

Reclam Kompaktwissen **XL**

Die perfekte Vorbereitung auf das Abitur!

Yomb May:
Abiturwissen Deutsch

Alles, was man wissen muss:

- ■ Sprache und Kommunikation
- ■ Literarische Gattungen
- ■ Deutsche Literaturgeschichte
- ■ Rhetorik und Stilistik
- ■ Filmanalyse

**+ Wiederholungskurs Grammatik
und Rechtschreibung**

Reclam

www.reclam.de